나는 꼬마빌딩 대신
꼬마호텔에 투자한다

단 1채로도 10억 버는
무조건 성공하는 투자법

| 권진수 지음 |

나는
꼬마빌딩 대신
꼬마호텔에
투자한다

매일경제신문사

CONTENTS

3장
성공적인 꼬마호텔 투자 전략

4장
꼬마호텔 투자 리스크 관리 노하우

프롤로그

아주 빠르면서 견고한
경제적 자유를 꿈꾸는 이들에게

최근 몇 년 동안 서점가를 휩쓰는 트렌디 키워드 중 하나는 바로 '경제적 자유'였다. 경제적으로 자유로울 수 있다니, 이 얼마나 달콤한 마법의 주문 같은 말인가.

오프라인 세계 저편의 온라인 세상에는 마치 우리 빼고는 모두가 경제적 자유를 이뤄낸 것처럼 콘텐츠들이 홍수 마냥 쏟아졌다. 유튜브에서 경제적 자유를 검색하면 이를 이뤄낼 수 있는 무수한 동영상 콘텐츠가 검색된다. 이걸 따라 하면 실제로 경제적 자유를 이뤄낼 수 있는지, 실제로 이뤄낸 사람이 있는지는 필자는 잘 모르겠다.

경제적 자유의 핵심은 '오토 인컴(Auto Income)', 즉 자동 소득이다. 자동 소득이라고 함은, 일하지 않더라도 매달 일정 금액이 계좌로 따박따박 들어오는 수익을 말한다. 이 대목에서 핵심은 '일을 하지 않더라도'이다. 어떻게든 노동력을 갈아 넣어야 하는 부업이나 N잡류는 자동 소득에 해당되지 않는다.

필자는 20대 청년 시절부터 부모님으로부터 물려받은 자그마한 부지에 건축물을 올리고 이 물건의 수익률을 어떻게 하면 올릴 수 있을지 고민하면서 부동산 투자를 시작했다. 어쩌면 이 미약했던 시작이 지금의 필자를 있게 한 첫걸음이었다. 맨땅에 헤딩하듯 내디뎠던 첫걸음이, 위대하지는 않더라도 적어도 밥벌이 걱정은 하지 않고 자유롭게 여행 다니며 꽤 넉넉히 가족을 부양하는 멋진 인생을 필자에게 선사하였다.

아직도 서울 종로의 178번지에 가면, 필자가 처음 건축한 건물에 필자의 이름 석 자가 새겨진 현판이 붙어 있다. 최근 근처에 들를 기회가 생겨 잠시 발걸음을 옮겨 지금은 외국인 게스트하우스로 운영하고 있는 필자의 전 자가 주택을 방문하였는데, 참 감회가 새로웠다. 20여 년 전 고생하였던 '청년 권진수'의 치열하였던 흔적, 그리고 지금까지 몇 번이고 집주인이 바뀌었지만, 현재 외국인 게스트하우스로 잘 탈바꿈되어 운영되고 있는 모습에 표현 못 할 흐뭇함을 느꼈다.

필자는 현재 서울 중심부에 서울앤호텔(SEOUL N HOTEL)이라는, 숙박업 분류로 따지자면 관광호텔 정도의 숙박업소를 운영하고 있다. 이뿐만이 아니라 서울 종로구 돈화문을 비롯한 몇몇 주요 입지에도 마찬가지로 업장을 보유하고 있다. 이곳들의 공통점은 '외국인 관광객을 위한, 그들에게 특화한 숙박업소'라는 점이다. 필자가 땀과 열정을 갈아 넣어 일군 소중한 자산들이다.

필자 역시도 2023년 이전까지는 무척이나 힘든 시기를 겪어야 했다. 세상 사람 누구나 다 아는 그 시절, 그렇다. 신종 코로나바이러스 감염증(코로나19) 팬데믹이다. 코로나19라는 인류 역사상 최강의 바이러스는 전 인류를 도탄에 빠트렸다. 질병에 취약한 계층들은 사지에 내몰렸고, 호흡기 바이러스라는 특성 때문에 대인 접촉은 최소화되었다. 이에 따라 거리에는 다니는 행인을 찾아보기 힘들어졌고, 상권으로 먹고사는 번화가의 경우에는 그 여파가 더욱 컸다. 소위 말해 차가웠다. 아니, 혹독했다는 표현이 더 정확할 것 같다.

필자도 코로나19의 타격을 피할 수가 없었다. 아니, 정면으로 받았다. 코로나19 시기에 숙박업소를 운영한다는 것은 자살 행위로 받아들여졌다. 코로나19 이전까지만 하더라도 서울부터 제주도까지 십여 곳이 넘는 업장을 운영하면서 나름 탄탄대로를 걷고 있었던 차였다. 20년 넘게 현장 일선에서 인허가부터 시공까지 경험하면서 남다른 노하우를 갖고 있었기에, 이 분야에서 확장 전략을 취하기란 남들보다 수월하였다. 서울앤호텔(SEOUL N HOTEL)을 필두로, 호스텔코리아(HOSTEL KOREA)라는 외국인 관광객 특화 호스텔 사업을 벌여 전국 각지에 프랜차이즈를 개설하였다. '숙박업으로 돈을 버는 것이 이토록 쉽구나' 하며 어깨가 올라갔던 시절이었다.

그런데 코로나19는 이 모든 것을 망가트렸다. 주변 숙박업계 동료들이 우르르 무너졌다. 우후죽순으로 무너졌다는 표현이 부족하지 않았다. 하루 지나면 모 업체가 파산하였다는 소식이 들려왔다. 필자 역시도 강한 두려움을 느꼈다. 부진한 업장부터 하나둘씩 정리하였다. 이동 거리가 멀어 직접 관리가 힘든 업장이 우선순위였다. 그렇게 나름의 효율화를 이뤄냈고, 다행히 운도 따라주어 필자만큼은 코로나19의 직격탄을 피할 수 있었다. 주변에서는 "이 업계에서 살아남은 사람이 누구나 다 아는 대기업 빼고는 권 대표가 유일하다"라고 이야기해주었다.

20대 때부터 맨땅에 헤딩하면서 겪은 실전 역량이 필자가 위기를 넘기는 데 크나큰 도움이 되었다. 물론 어려울 때 필자를 도와준 주변 분들과 가족의 역할이 대단히 크다. 그분들이 없었더라면, 필자 역시도 코로나19 시절 크나큰 타격을 맞았을지도 모른다. 이 지면을 빌려 그분들께 감사함을 표하고 싶다.

서두에서 필자가 운영하는 꼬마호텔이 '소중한 자산'이라고 표현하였다. '소중한'이라는 표현은 결코 아무에게나 쓰지 못한다. 가족이나, 가족에 버금가는 존재에게만 쓸 수 있다. 필자에게 꼬마호텔이 소중한 이유는 어려울 때 언제든 힘이 되어준 아름드리나무 같은 존재였기 때문이다. 잘 나가거나 어려울 때나 한결같은 돈나무가 되어 필자에게 적지 않은 수익을 안겨주었음은 물론이고, 혹독한 비바람이 몰아칠 때는 풍성한 떡잎으로 필자를 보호해주었다. 그리고 자금이 필요할 때는 그 한 몸 던져 필자에게 안전 마진을 가져다주었다. 소위 말하여 필자에게는 '아낌없이 주는 나무'였다.

그 나무를 필자만 알기에는 너무 아깝다는 생각이 들어 이 책을 쓰게 되었다. 시련의 시기도 있었지만, 코로나19는 인류 역사상 100년에 한 번 올까 말까 한 전염병이다. 1900년대 초 전 유럽을 휩쓸었던 스페인 독감과 비슷한 현상이다. 코로나19 같은 전염병이 창궐하고 퍼지면 어쩔 도리가 없다. 나만 망하는 것이 아니라 모두가 망한다. 세상 사람들의 일상이 처절하게 파괴되고, 전 세계 경제가 흔들린다. 이는 모두가 다 아는 주지의 사실이다.

그러나 '하늘의 무너져도 솟아날 구멍은 있다'라고 하지 않는가. 위기 상황에서조차 꼬마호텔은 나름의 운영의 묘를 살려 어떻게든 다채로운 빛을 발할 수 있는 아이템이다.

필자의 경우는 그랬다. 코로나19 팬데믹 시기에 매물로 나온 서울 종로구 익선동의 모텔을 반값 이하로 매입하여 외국인 투숙객의 입맛에 맞게 리모델링, 이전에 없던 수요와 수익을 창출하였다. 이는 필자가 지닌 전문 지식과 실전 감각이 발현된 실행이기도 하지만, 초보자인 독자 여러분도 이 책에 나오는 이론과 사례들을 익혀 나간다면 충분히 가능하리라고 생각한다. 언제나 그랬듯이 문제는 도전과 실행이다. 가만히 앉아 있으면 그 어떤 콩고물도 떨어지지 않는다.

꼬마호텔 소유주로서 운영할 수 있는 숙박 형태는 생각보다 다양하다. 일 단위로 돌리지 못하면 주 단위, 월 단위로 돌리면 된다. 쉽게 말하여 월세방으로 세를 주면 된다. 이에 대해서는 본문에서 자세히 서술할 것이다.

다시 한번 강조하건대, 이 책을 쓴 가장 큰 이유는 필자가 20년 넘게 쌓아온 이론과 실무를 최대한 녹여내어 오늘보다 더 나은 내일을 살고 싶은 독자 여러분의 부동산 투자에 조금이나마 보탬이 되고자 함이다.

'좋은 것은 나누면 나눌수록 더 좋아진다'라고 하였다. 좋은 것을 본인만 알면 고여서 썩게 마련이지만, 귀한 지식의 물꼴을 터서 흐르게 만들고 그 생명수를 여럿이 나눠 마시게 한다면, 그만큼 값진 일도 없을 것이다. 필자는 이 말의 진리를 굳건히 믿고 있다.

이 책에서는 꼬마호텔 투자자로서 필자의 거의 모든 노하우를 담고자 하였다. 성공 사례뿐만 아니라, 실패 사례도 가감 없이 삽입하였다. 실패를 통하여 배우게 되는 것도 대단히 많기 때문이다.

이 책에서 나오는 여러 가지 이론과 케이스들을 잘 익히고 따라 한다면, 여러분도 꼬마호텔 투자를 통하여 3년 안에 10억 원 정도의 수익은 충분히 만들 수 있다고 생각한다. 필자 역시도 지금보다 더 지식과 경험이 부족한 부동산 투자 초년병 시절에도 달성해 보았던 목표 금액이기 때문에 여러분도 충분히 가능하다고 감히 자신 있게 말할 수 있다. 이 책과 함께 한다면 말이다. 처음부터 정독해보고 어려운 용어가 많아 힘들다면, 반복해서 읽어보고 인사이트를 발견하기를 권한다.

아무쪼록 이 책을 통하여 경제적 자유를 꿈꾸는 모든 이들이 그 꿈에 한 발짝 더 다가가기를 바라는 마음이다. 여러분과 같은 야망과 꿈을 품고 살았던 2~40대의 필자를 생각하면서 이 책을 만들었다.

자, 그러면 미래 수요가 풍부한 꼬마호텔의 세계를 함께 탐험해 보자. 그 탐험의 끝에서 달콤한 결실을 맛볼 수 있을 것이다.

여러분의 경제적 자유를 응원하며
꼬마호텔의 멘토 권진수 올림

1장

이제는
'꼬마호텔'
투자에 눈을
돌려라

왜 하필 꼬마호텔일까?

여기에는 부인하기 힘든 확실한 근거들이 있다. 우선 꼬마호텔은
현금 흐름과 시세 차익을 동시에 실현할 수 있는 몇 안 되는
부동산 투자 종목이다. 리모델링과 신축을 통하여 건물의 가치를
끌어올릴 수 있다는 메리트가 존재한다. 현금 흐름 측면에서도
꼬마호텔은 '월세'나 '연세'가 아닌 '일세'를 받으므로
높은 수익률을 낼 수 있는 매력적인 투자다.

꼬마호텔은 무엇인가?

　꼬마빌딩. 부동산에 관심 있는 이들이라면 누구나 한 번쯤은 들어보았을 만한 용어이다. 그런데 표준국어대사전에 등재된 개념은 아니다. 꼬마빌딩을 포털 사이트에 검색하면 '일반 빌딩이나 아파트보다 규모가 작은 중소 규모의 건물'을 의미한다고 나온다. 보통 상가주택, 다가구, 업무용 건물 등을 일컫는다.

호스텔코리아 창덕궁점

2000년대에는 상당한 자금 조달 능력을 갖춘 중소기업과 개인이 중소형 빌딩에 관심을 보이기도 하였다. 그런데 저금리 기조가 지속되고 수익형 부동산에 관한 투자자의 저변이 확대되면서 2010년대에는 자금 조달 능력이 크지 않은 중소기업과 개인들도 이 시장에 진입하게 되었다. 이들의 자금 조달 능력으로 투자 가능한 중소형 빌딩을 '꼬마빌딩'이라고 부르면서 이 용어가 사회적으로 퍼지기 시작하였다.

그러나 미국의 양적 완화의 출구 전략으로 인해 고금리 상황이 벌어졌고 국내외 경기 침체의 영향으로 꼬마빌딩의 인기는 잠시 주춤하였다. 반면, 이제는 다시 K−컬처와 외국인 관광객의 증가로 이와 관련된 숙박 산업이 활황을 보이면서, 이에 소기업과 개인들이 접근해볼 만한 꼬마호텔에 대한 관심과 투자가 증가하고 있는 추세이다.

꼬마빌딩과 꼬마호텔

사실 꼬마빌딩에 관한 명확한 기준은 없다. 그러니 꼬마빌딩이라고 부르는 데도 실제로 꼬마빌딩 같지 않아 혼란스러운 경우가 적지 않다. 예를 들어 어떤 경우에는 연면적 즉, 총바닥면적의 1,000㎡(약 300평) 미만, 5층 이하, 거래 금액 50억 원 이하를 꼬마빌딩이라고 정의하는 반면, 어떤 경우에는 연면적 3,305.8㎡(약 1,000평) 미만, 10층 이하, 100억 원 이하의 건물을 꼬마빌딩이라고 이야기하기도 한다. 서울 기준으로 강북 지역이면 전자에도 매입할 만한 꼬마빌딩이 있겠지만, 지역이 강남이라면 이야기가 달라지기도 한다. 그래서 꼬마빌딩에 대한 기준은 제각각일 수밖에 없으며, 서울이냐 기타 수도권이냐 지방이냐에 따른 지역 편차를 고려해야 한다.

통상적으로 꼬마빌딩은 아파트나 대형 빌딩보다 가격이 저렴한 편이다. 그래서 부동산 투자자들에게 대체 상품으로 추천되기도 한다. 그렇지만 규제, 대출 제도, 공실률 등 해당 부동산 정보를 제대로 확인하지 않으면 오히려 애물단지로 전락할 수도 있다. 꼬마빌딩 투자에 신중해야 하는 이유다.

그렇다면 꼬마호텔의 기준은 무엇일까? 부동산 대세 상승장이었던 지난 코로나19 시기에는 매매가 100억 원까지 꼬마빌딩에 포함하는 추세였으나, 팬데믹이 종결되면서 거품이 끼었던 부동산 자산 시장이 수축되었다가 최근 다시 반등하는 흐름이므로 이 책에서는 꼬마호텔은 거래 금액 50억 원 전후나 그 이하로 정의하면 되겠다. 결론적으로 꼬마호텔은 대략 연면적 1,000㎡(약 300평), 5층 이하의 중소규모 호텔 정도면 통상적으로 꼬마호텔이라고 부를 수 있겠다.

왜 꼬마호텔 투자인가?

그렇다면 왜 하필 꼬마호텔일까? 여기에는 부인하기 힘든 확실한 근거들이 있다. 우선 꼬마호텔은 현금 흐름과 시세 차익을 동시에 실현할 수 있는 몇 안 되는 부동산 투자 종목이다. 대개 일반인들은 부동산 투자라고 하면 서울 및 수도권의 아파트를 가장 먼저 떠올린다. 아파트로 실거주 한 채를 깔아 놓으면 그다음으로 떠올리는 게 갭투자다. 갭투자는 전 세계에서 거의 유일하게 전세 제도를 두고 있는 국가인 우리나라에서 특히나 성행하는 분야로, 주택의 전세가와 매매가의 차이를 활용해 그 사이의 구간에 해당하는 자금을 투자해 주택을 매수하는 방법이다.

그러나 갭투자가 성공하려면 전제 조건이 따라야 한다. 우선 일반인이 투자할 수 있을 만큼 갭이 적어야 한다. 두 번째로 부동산 상승장이어야 한다. 하락장에서는 역전세의 역풍을 고스란히 맞게 된다. 자금 여유를 두지 않는다면, 하락장에서 실패를 맛볼 수 있다.

게다가 지난 정권에서 주택 공급의 안정화를 꾀하기 위한 부동산 정책의 시도로 30개에 가까운 부동산 규제책을 연일 쏟아냈다. 이 과정에서 '양도세 중과' 등 어떻게 보면 '징벌적 과세'라고도 여겨질 수 있는 정책들을 시행하였기 때문에, 그 이후로 다주택자가 갖는 투자의 메리트는 사라져 버렸다. 주택을 많이 보유해봤자, 전과 같이 메리트 있는 시세 차익은 보기 힘들고 국가에 세금만 납부해야 할 상황이 되었다. 시장주의 관점에서 보면 다주택자는 시장에 양질의 주택을 공급해 주는 공급자인데, 지난 정부는 다주택자에게 공급자의 역할을 존중해 주지 않았다.

그러면 오피스텔, 지식산업센터, 도시형 생활주택 또는 생활형 숙박 시설 등으로 넘어가게 되는데, 오피스텔은 취득세 부담이 만만치 않은데다, 이것마저 주택 수로 잡아 버려 이 역시 메리트는 떨어진다. 지식산업센터와 도시형 생활주택, 생활형 숙박 시설은 한때 유행처럼 번졌지만, 전자의 경우 강남, 성수동 등 일부 지역의 초기 투자에서 만큼의 메리트가 이제는 없는 실정이다. 이미 서울 시내에 지식산업센터는 어느 정도 공급이 되었고, 경기도 하남, 구리, 남양주 등 서울 외곽 근교의 지식산업센터들도 너무 많이 지어졌거나 지어질 예정이라 공급 과잉인 상황이다. 언급한 지역은 직주근접에서 벗어난 베드타운이라 섣불리 들어가면 리스크를 안게 된다. 도시형 또는 생활형 숙박 시설도 마찬가지라고 볼 수 있다. 한때는 강원도 속초, 양양 등 서울에서 3시간 안팎에 갈 수 있는 강원도 해안 쪽 도시 등에서 유행처럼 번졌지만, 평단가를 보면 알 수 있듯 이미 너무 많이 올랐다.

비주택 분야에서는 상가가 있는데, 상가는 늘 그렇듯 누구나 좋아 보이는 황금 입지의 상가는 매물도 잘 나오지 않을뿐더러, 코로나19 기간에 생활의 거의 모든 분야가 오프라인에서 온라인으로 넘어가면서 늘 안고 있던 공실 위험이 더 커졌다. 이제는 서울 역세권 등 웬만한 입지 아니면 상가도 쉽지 않은 실정이다.

이것도 저것도 아니라면 도대체 어떤 투자를 해야 한다는 말인가. 서두에서 언급한 꼬마호텔이 해봄 직한 투자의 한 장르로 볼 수 있겠다. 꼬마호텔은 앞서 말했듯 현금 흐름과 시세 차익을 동시에 창출할 수 있다.

현금 흐름과 시세 차익을 동시에 창출하자

우선 현금 흐름을 살펴보자. 현금 흐름 측면에서 꼬마호텔은 '월세'나 '연세'가 아닌 '일세'를 받는다는 점에 주목할 필요가 있다. 하루 치의 숙박료를 받는다는 의미다. 통상적으로 수익률은 '연세'보다는 '월세'가, '월세'보다는 '주세'가, '주세'보다는 '일세'가 높은 경향을 띤다. 보통 마트를 가더라도 묶음 상품이 더 저렴한 것과 비슷한 이치이다.

요즘 같은 '불확실성의 시대'에 현금 흐름과 시세 차익 등 어느 한쪽에만 치우친 투자는 바람직하지 않다. 현금 흐름을 추구하자니 시세 차익을 많이 내기 어려워지고, 후자의 경우에는 괜찮은 현금 파이프라인, 즉 현금 흐름을 만들어내기 쉽지 않다. 그런데 꼬마호텔은 잘만 투자한다

숙박 형태당 잔가율

연세

주·월세

일세

면, 두 마리 토끼를 잡을 수 있는 거의 유일한 부동산 투자이다.

꼬마호텔은 기본적으로 '입지 투자'라고 할 수 있겠다. 첫째도 입지, 둘째도 입지이다. 꼬마호텔 투자의 첫걸음은 '좋은 입지를 선별해 숙박 시설로 쓸 수 있는 매물에 투자하는 것'이다. 이것이 되어야 시세 차익을 낼 수 있다. 그다음으로 현금 흐름을 창출하려는 노력이 필요하다. 꼬마호텔에서 중요한 것은 '객실을 얼마나 뽑을 수 있느냐?'다. 다시 말하면, 사들인 건물 한 채당 나올 수 있는 객실의 수가 중요하다는 의미다. 물론 무조건적으로 수가 중요하다는 의미는 아니니 오해해서는 안 된다. 요즘은 사람들의 생활 수준과 눈높이가 올라갔기 때문에, 이익에만 매몰되어 방을 과도하게 쪼개거나 층을 올리려는 접근법은 위험하다. 호실 서너 개를 하더라도 제대로 운영해야 내실 있는 수익을 안정적으로 거둘 수 있다. 요컨대 꼬마호텔은 객실을 통한 현금 흐름의 지속적인 창출과 황금 입지 선점을 통한 시세 차익이 동시에 가능한 매력적인 투자라고 할 수 있겠다.

혹자는 이렇게 반문할 수 있다. '아니 어디 가면 널린 게 숙박업소이고, 모텔 같은 곳은 가는 데마다 있는데 꼬마호텔이 말만 번지르르하지 되기는 하겠느냐?'라고. 참고로 내국인이든 외국인이든 대실 영업을 주로 하는 모텔은 싫어하는 경향이 있다. 이는 가족 단위로 숙박을 할 때도 마찬가지로 적용된다. 호텔을 이용하자니 비용이 부담되고, 합리적인 가격에 좋은 위치의 숙소를 이용할 수 있다면 그곳을 선택할 수밖에 없다. 여기에 후술하겠지만, 서울과 수도권은 관광객 수요 대비 숙박 시설 공급이 부족한 실정이다. 이러한 흐름 속에서 꼬마호텔 운영의 방향성을 생각해 볼 필요가 있다.

필자는 직접 오래되고 낡은 건물을 매수해서 꼬마호텔로 변신시켜 운영을 해보았고, 실제 운영 예시와 수익의 노하우를 공개할 것이다. 그렇기 때문에 확신을 갖고 말할 수 있다.

대한민국에 방문하는 외국인 관광객 수는 코로나19 팬데믹 종식 선언 이후로 나날이 증가하고 있다. 연간 증가율은 두 자릿수에 달한다. 게다가 대한민국을 찾는 외국인 관광객들은 대체로 소득 수준이 높은 편이다. 소비 정도도 큰 편이며, 어느 정도 언어적인 장벽과 한계 때문에 '정보 비대칭' 상태에서 소비하게 된다. 정보 비대칭을 악용해서는 안 되겠지만, 잘만 활용하면 수익을 낼 수 있는 수단이 되는 것도 사실이다.

아파트보다는 꼬마호텔로 현금 파이프라인을 만들자

꼬마호텔은 대중들이 가장 쉽게, 그리고 많이 투자하는 아파트와 비교해서도 투자 메리트가 확실하다. 아파트 가격은 이미 대단히 많이 오른 상품에 속한다. 서울 및 수도권 지역에서 두 배 가까이 오른 곳도 적지 않다. 강남 3구에 속하는 서초구, 강남구, 송파구는 말할 것도 없이 대한민국에서 가장 많이 오른 지역들이다.

이제는 아파트로 재미를 볼 사람들은 다 보았다. 그리고 50대의 경우에는 자녀들도 출가한 경우가 많기 때문에 현금 흐름이 좋지 못한 아파트 투자보다는 남는 객실을 활용하여 수익을 얻거나, 보유한 기존 아파트를 처분하여 주인층인 4층이나 5층(이는 상황에 따라 달라질 수 있다)에 거주하면서 남은 공간을 임대를 주어 임대 수익을 얻으려는 사람들이 증가하고 있는 실정이다. 이러한 흐름 속에서 최근의 부동산 투자 수요는 실익이 크지 않는 아파트나 오피스텔 등 주거 위주의 상품 대신 현금 파이프라인을 만들어 낼 수 있는 꼬마빌딩으로 넘어오는 추세이다. 특히나 다주택자들은 사전 증여라는 선택지가 있었지만, 세율이 올라서 실익이 없는 실정이다.

서울권 아파트 1채와 비슷한 예산으로 매수할 수 있는 꼬마빌딩이 적지가 않고, 이는 꼬마빌딩을 꼬마호텔로 치환해도 크게 다르지가 않다. 아파트와 꼬마호텔의 장단점을 살펴본다면 더욱 와닿을 것이다.

실거주를 최우선 목적으로 삼는다면, 응당 아파트를 선택하여야 하겠지만, 그것이 아니라면 꼬마호텔을 추천하는 바이다. 시중 금리가 너무

아파트와 꼬마호텔의 장단점

상품	아파트	꼬마호텔

장점	• 환금성이 좋다
	• 수요자가 많다
	• 실거주가 가능하다
	• 사면 무조건 오른다
	  (최근 5년 결과치에 관한 기대감)
	• 하방 경직성(주식처럼 한 번에 많이
	  떨어지지는 않는다)
		• 현금 흐름이 생긴다(월/일세)
		• 토짓값은 계속 올라간다
		• 상권과 입지가 좋으면 현금 흐름이
		  반영구적이다
		• 하방 경직성
		• 다주택자에 포함되지 않는다

단점	• 현금 흐름이 약하다(월세)
	• 실거주 시 층간 소음 문제가 꼬마호텔
	  보다 빈번하게 발생한다
	• 주거용이기 때문에 다주택자에
	  포함된다
		• 환금성이 떨어진다
		• 유지 관리비가 들어간다
		• 공실 문제가 생긴다

낮아서 예금으로 묵혀 두기에는 메리트가 없고, 주식은 원금 손실에 관한 리스크가 있기 때문이다. 꼬마호텔은 메리트는 많고 리스크는 적은 투자라고 할 수 있겠다.

실제 지난 정부 당시 부동산 시장의 투기 수요를 잡기 위한 초강력 규제와 시중에 도는 풍부한 유동성, 그리고 시장의 저금리 기조 이후 주택 투자자들이 상대적으로 규제가 적은 꼬마빌딩으로 몰려들었던 사례가 있다. 사실 이것을 투기로 보는 시선도 시장에서 다주택자가 수행하는 공급자의 역할을 무시한 것으로 보이지만, 어찌 되었든 그래서 사상 최악의 경기임에도 불구하고 꼬마빌딩 거래량은 예년보다 현저하게 증가하였다. 특히나 아파트 가격이 급등하면서 아파트를 매수할 자금으로 레버리지(Leverage)를 적극적으로 활용하여 꼬마빌딩에 투자하려는 투자자들이 늘고 있는 추세이다. 아파트나 주택과 달리, 대출 규제가 적고 사업자 대출로 70퍼센트까지 대출이 가능하므로, 이 점을 이용하면 지렛대를 더 효과적으로 사용할 수 있다.

규제는 적고 장점은 많은 블루오션이다

이 밖에도 꼬마호텔의 매력은 무수히도 많다. 우선 꼬마호텔은 분양 상가의 경우처럼 대지 지분만 소유하는 형태가 아니라 대지 전체를 소유한다. 현행 건축법상 문제 되지만 않는다면, 리모델링 내지는 신축 등을 통하여 건물의 가치를 끌어올릴 수 있다는 메리트가 존재한다. 또한 앞서 언급하였듯 임대 수익뿐만 아니라, 미래의 시세 차익까지 기대해 볼 수 있다. 그리고 건물에 주택에 해당되는 부분이 없을 경우, 즉 근린생활 시설의 경우에는 매수 시 자금 조달 계획서를 제출할 필요가 없다. 주택보다 상대적으로 재산세가 낮고, 종합부동산세 대상도 아니다. 더불어 특별한 규제 없이 감정금액의 70퍼센트까지 대출이 나오는 등 여타 부동산 상품보다 매력이 많다.

그렇다고 사람들이 흔하게 접근하는 아파트나 상가 투자처럼 꼬마호텔에 접근해서는 안 될 일이다. 다시 말해 다른 성공 사례나 수익률만 보고 무심코 덤벼든다면 낭패를 보기 십상이다. 단순히 임대 수익률만 분석하면 되는 것이 아닐뿐더러, 기본적인 대지 분석부터 시작하여 건물과 임차인 분석, 관광객의 접근성 등 모든 것이 분석 대상이다. 심지어는 같은 도로변에 위치해 있는 건물이라고 하더라도, 물건지마다 특징과 매매 금액이 다르기 때문에 항시 유의해야 하고 신중히 접근해야 한다. 그렇다 하더라도 투자가 주는 메리트와 배움이 크기 때문에 필자는 어떻게든 시작하기를 권하는 바이다.

이제 마인드 세팅은 어느 정도 되었을 것으로 생각하고 지금부터 시뮬레이션에 들어가 보자. 이 글을 읽는 독자들이 꼬마호텔 매수자라고 가정해 보겠다. 매수하는 데 어떠한 부분을 가장 크게 고민할까? 첫 번째는 가격, 두 번째는 수익률, 세 번째는 미래 가치, 즉 매매 차익이다.

안정성이 높으면 환금성이 좋은 대신 수익성은 떨어진다. 수익성이 높으면 환금성이 높을 수도, 반대로 낮을 수도 있지만, 안정성은 떨어진다. 환금성이 높으면 안정성도 높다. 수익성은? 높을 수도 낮을 수도 있다.

꼬마호텔을 소유하고 꼬마호텔 건물주가 되면 따라오는 메리트는 아주 명백하다. 우선 첫 번째로 경제적인 성공과 안정을 동시에 가져올 수 있다. 두 번째로, 매일 근로를 하지 않아도 매달 월세가 자동으로 입금된다. 이로 말미암아 경제적인 안정성도 커진다. 세 번째로, 돈을 벌기 위하여 근로하는 것이 아니라, 내가 좋아하는 일을 취미 삼아 할 수 있다. 네 번째로, 내가 좋아하고 하고 싶은 일을 하니, 업무 능률이 오르고 뛰어난 수익도 얻을 수 있게 된다. 외국인 친구들을 만나고, 그들로부터 다양하고 흥미로운 문화를 접하고, 함께 여행 다닐 수도 있다. 그리고 가장 중요한 사실. 그 과정에서 돈은 자연스럽게 따라온다는 것이다. 요컨대, 투자하면서 사용과 거주와 취미를 동시에 할 수 있는 유일무이하다시피 한 투자 자산인 셈인데, 세상에 이만한 꿩 먹고 알 먹는 투자가 어디 있겠는가.

꼬마호텔을 둘러싼 환경도 점점 좋아지고 있다. 2023년 기준 대한민국을 찾은 외국인 관광객은 약 1,000만 명이었다. 올해 추가로 1,000만 명이 더 들어와 '외국인 관광객 2,000만 명 시대'가 열릴 것이다. 또한, 2027년까지 외국인 관광객 3,000만 명을 목표로 하고 있다. 코로나19 팬데믹 이전에 관광숙박업종이 매년 두 자릿수 성장을 한 것처럼 가파르게 회복하고, 나아가 성장까지 하고 있는 것이다.

외국인 관광객 폭등의 배경에는 K-컬처와 K-웨이브가 있다. K-팝, K-드라마, K-무비에 최근에는 K-푸드(김밥, 호떡, 순대)까지 열풍이다. 예술, 언어, 종교 등 문화적 요인은 한 번 불 붙이기가 어렵지, 발화하기

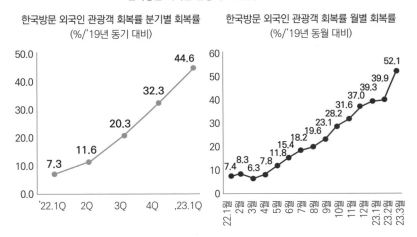

한국방문 외국인 관광객 회복률(단위: %)

한국방문 외국인 관광객 회복률 분기별 회복률
(%/'19년 동기 대비)

한국방문 외국인 관광객 회복률 월별 회복률
(%/'19년 동월 대비)

시작하면 쉽사리 꺼지지 않는다. 이렇듯 외국인 관광객 유입이 폭등하면, 수요는 넘치는 데 공급이 부족한 상황에 직면하게 된다. 그리고 호텔 공급은 부동산적인 문제라 뚝딱뚝딱 공급되지 않는다. 사업 승인 및 인허가를 받아야 하는 등 거쳐야 할 관문이 많을 뿐만 아니라, 착공해서 시장에 호텔을 공급하는 데 수년의 시간이 걸린다.

그 반면에 수요는 바로 증가한다. 내국인 수요가 아니라 80억 외국인 수요이기 때문에 그 증가세는 대단히 가팔라질 것이다. 향후 5년 동안 3,000만 명 이상이 유입된다고 전망된다. 코로나19 팬데믹 당시 곤두박칠쳤던 외국인 관광객 수치가 코로나19 이전을 훨씬 뛰어넘어 회복하게 되는 셈이다.

꼬마호텔 투자의 기본 원리

부동산을 향한 열망은 식지 않는다

꼬마호텔은 기본적으로 인간의 삶에 기본적인 의식주(衣食住) 중 주(住)를 해결하는 부동산 문제이다. 이 본질을 기억한다면, 꼬마호텔 투자도 더는 낯설거나 어렵지 않게 느껴질 것이다.

앞서 언급하였듯, 주는 우리 삶에 필수 불가결한 재화이다. 솔직히 말하여 명품 같은 사치재는 안 입고 안 신으면 그만이다. MZ 세대에서 유행처럼 번졌던 '미슐랭'이나 '오마카세'니 하는 고급 음식들 역시도 인생에 있어 여유가 되면 먹고 즐기는 부가 옵션이지, 필수 옵션은 아니다.

그런데 일단 어느 누가 되었든 머무를 곳은 무조건 있어야 한다. 그 집이 궁궐 같든, 영화 '기생충'의 볕이 들지 않는 반지하 같은 곳이라도 우선은 자기 육신 한 몸은 누일 공간이 필요하게 마련이다.

나아가 어디에 사느냐에 따라서 인간의 삶의 질도 달라지게 마련이다. 부동산 시장에서 강남이 불패인 이유도, 공간은 한정되어 있는 반면, 강남에 입성하고 싶은 수요는 몰려 있기 때문이다. 이제는 외국인도 서울 강남 부동산을 공격적으로 매입한다. 서울 강남이라는 공간은 미국의 뉴욕, 영국의 런던, 일본의 도쿄처럼 전 세계인들이 투자하는 노른자 땅으로 변모하였다. 이 부분만 놓고 보더라도 대한민국 내에서 서울과 지방의 차이가 어느 정도인지 가늠할 수 있을 것이다.

로또나 복권에 당첨된다면, 집부터 장만하겠다는 사람도 적지 않다. 그 대상이 심지어 부동산 폭락론자일지라도, 1등에 당첨된다면 자기 집 한 채 사겠다는 사람이 부지기수이다. 이는 그만큼 많은 사람들이 부동산 가격에 상관없이 자기 집이 가져다주는 안정감, 즉 자가의 필요성을 마음속 깊이 느낀다는 것이다. 이처럼 집은 다른 투자에 비하여 필수재이고, 어떠한 형식으로든 모든 인간이 참여하는 시장이라는 측면에서 크나큰 메리트가 존재한다.

한 매체의 보도에 의하면, '자기 명의의 집은 반드시 있어야 한다'라고 응답한 사람이 만 15~39세 사이의 청년층에서 68.6%나 된다고 한다. 반면 '자가를 가질 필요가 없다'라고 대답한 사람은 13.3%에 불과하였다. 2015년부터 2021년까지는 부동산 상승장이 펼쳐졌는데, 이 기간에 부동산 시장의 제일 큰 화제로 대두되었던 이슈가 3040으로 대변되는 젊은 세대들의 '영끌(영혼까지 끌어모아 투자하는 것)'이었다. 이는 다시 말하여 젊은 세대의 자가를 향한 열망을 보여준 현상이라고 볼 수 있겠다.

기본 원리는 수익 창출과 시세 차익

꼬마호텔 투자의 기본 원리를 알아보자. 호텔은 영업 형태에 따라서는 일반숙박업과 관광숙박업으로 그 운영 사례를 나눠볼 수 있지만, 우리가 집중할 부분은 목적성에 따른 다음의 구분법이 될 것이다.

꼬마호텔 투자는 크게 목적성에 따라서 '수익 창출'과 '시세 차익'의 목적을 둔다. 전자는 임대, 후자는 매매의 목적성을 갖고 있다고 보면 된다. 즉, 정기적인 임대소득을 제공하는 부동산으로 매달 현금 흐름을 창출하고 임대소득, 자본 상승 또는 둘의 혼합을 통해 소유자가 투자수익을 창출하는 데 목적을 두거나 최초 매입가보다 높은 가격에 팔아 차익을 얻는 것이다.

수익 창출에 대해 먼저 알아보자. '수익 창출'이라는 표현에서 알 수 있듯, 시간을 담보로 묵혀 두고 시세 차익을 얻는 것보다는 당장의 수익을 창출시키는 데 목적성을 둔 임차 방식의 운영 형태이다. 이러한 목적성 하에서는 투자 자금은 최소화하고 객실이 팔릴 수 있을 만큼만 깔끔하고 매력적으로 리뉴얼하여 회전율을 높이는 게 최우선 순위가 된다. 필자가 매입한 뒤 운영하였던 종로의 한옥처럼 구축의 외관을 최소 비용으로 리모델링하고 실내를 깔끔하게 리뉴얼하여 운영할 수도 있고, 시작한다는 차원에서 에어비앤비로 운영할 정도의 실내 인테리어만으로도 가능하다는 장점이 있다.

원리는 비교적 간단하다. 수요가 많을 것 같은 입지를 선점하고 해당 구역 내에서 최적의 매물을 발굴한다. 뒤에서도 다시 한번 강조하겠지만, 건축의 노후도 같은 부분보다는 입지를 최우선으로 고려해야 한다. 그다음에는 해당 건물의 방 구성에서 얼마 정도의 수익률을 뽑아낼 수 있을지 고려하여 호당 대략 5만 원을 일 매출액으로 잡고 한 달 만실 시 매출을 산정한다. 예를 들어 투자 물건이 두 개 층에 방 여섯 개로 구성된 물건이라면, 방당 5만 원씩 잡고 일일 만실 시 매출을 계산하면 하루 30만 원 매출이 나온다. 여기에 다시 30일을 곱하면 이 물건으로 뽑아낼 수 있는 최대 매출은 900만 원이라는 계산 값이 도출된다.

여기서 900만 원은 '수익'이 아니라 '매출'임을 명심하여야 한다. 매출에서 가장 중요한 대출 이자와 인건비, 관리비 등을 제하고 남은 금액이 본인이 가져가는 순수익이다. 보통 이 정도 규모의 물건이면 본인이 혼자 관리할 수 있으므로 인건비가 들지는 않는다. 사람을 쓸 경우에 별로 남는 게 없기 때문이다. 다만 건물의 총매입가에서 대출 비율이 얼마인지, 그리고 대출 이자가 얼마인지에 따라 매출에서 빼는 부분이 달라진다.

그리고 만실은 최대치이므로 만실보다는 낮게, 다시 말하여 7~80% 수준으로 보수적으로 잡는 편이 안전하다. 여기서는 계산의 편의를 위해 80%로 잡아 본다면, 900만 원에서 180만 원은 빠지게 된다. 그러면 매출액이 720만 원 정도가 되고, 이것을 총액으로 삼고 나머지 대출 이자나 인건비나 관리비 등을 공제하여야 한다. 이 부분을 최소화하면 할수록 본인이 가져가게 되는 수익률은 높아지게 마련이다.

과감하게 투자해보자

　필자는 어차피 '꼬마호텔'이나 '에어비앤비'라는 타이틀을 달고 본격적으로 운영을 시작해 볼 의향이면, 조금 더 과감하게 투자를 시도해 보는 편이 낫다고 생각한다. 투자하면서 얻게 되는 것은 비단 현금 수익 창출뿐만이 아니라 직접 투자를 통하여 쌓을 수 있는 경험치도 있기 때문이다. 이러한 경험치는 투자력을 발전시키는 데 무시할 수 없는 요소이다. 시도하지 않으면 수년이 걸려도 얻지 못할 경험치를 단 몇 번의 실행을 통하여 빠르게 얻을 수 있다.

　투자계에서 '하이 리스크 하이 리턴'이라는 격언을 한 번쯤은 들어보았을 것이다. '리스크가 크다면 돌아오는 것도 크다'라는 의미이다. 그런데 꼬마호텔의 장점은 기본적으로 부동산 베이스 투자이기 때문에 리스크도 작은 편이다.

　초보자 입장에서 꼬마호텔 투자의 장점을 더 쉽게 이야기하자면, 외국인 게스트들이 잘 들어오지 않는 비수기에는 내국인들에게 월세를 주면 된다. 만약 자신이 아파트에서 에어비앤비를 운영한다면, 그냥 아파트를 넓게 쓰면 된다. 요새는 방 4개짜리의 아파트를 내국인에게 전세와 월세의 개념으로 임대하는 경우도 많다. 투자금인 침대와 내부 집기의 경우에도, 당근마켓이나 중고나라를 통해서 구매하면 투자금을 줄일 수 있다. 이와 반대로 영업을 중단할 경우 당근마켓으로 매도하면 거의 '투자금 제로'로 경험해 볼 수 있는 아주 훌륭한 사업이다.

　다시 돌아가자면, 앞서 꼬마호텔의 가치를 올리기 위해 구축 그대로를 쓰지 않고, 신식 리모델링을 통하여 가치를 업그레이드하는 방법도 있다. 이 경우에는 앞에서 잡은 일 5만 원보다는 방당 객단가를 높게 설정할 수 있다는 메리트가 생기게 된다. 초보자 입장에서는 걷지도 못하는데 뛰라고 하기에는 무리가 따를 수 있으므로 구축 상태에서 실내 인테리어 정도의 투자부터 차근히 경험해 보며 투자를 시도하기를 추천하는 바다.

꼬마호텔 투자 서둘러야 하는 이유

지금이 매수 타이밍이다

부동산이 가진 고유의 특수성을 생각해보자. 대한민국 건국 이래 부동산은 장기적으로 보면 한 번도 하향 곡선을 그린 적이 없다. 특히나 서울 및 수도권 부동산은 더욱 그렇다. 여기에서 주목할 부분은 '장기적'이라는 단어다. 단기적으로 보았을 때는 1997년 IMF 금융 위기 등의 국가 부도 사태 때 한 번에 수십 퍼센트가 빠진 적도 있었다. 그렇지만 그 그래프의 시점을 오른쪽으로 쭉 늘여 보면 부동산은 어쨌든 인고의 시간만 감내한다면 우리에게 달콤한 열매를 맛보게 해주었다.

그래서 부동산은 '인플레이션 헷지'에 최적화한 상품으로 대중에 인식되고는 한다. 인플레이션 헷지란 떨어지는 화폐 가치를 방어할 수 있는 수단이라는 의미이다.

꼬마호텔 투자 역시도 마찬가지다. 꼬마호텔은 '인플레이션 헷지'에 능한 투자 종목이라고 할 수 있다. 이러한 인플레이션 헷지는 앞에서 언급한 이유 외에도 2024년 들어서 더욱 그 기능을 잘 수행해낼 것이다.

2024년 1월 10일 윤석열 정부에서 다주택자 완화 정책을 내놓았다. 여기에 세계 금리에 막대한 영향을 미치는 미국 금리는 안정화와 하향화 기로에 접어들고 있다. 2024년 3/4분기부터는 지금보다도 더 금리가 안정되고, 이러한 기조가 내후년, 즉 2026년까지 지속된다면, 꼬마호텔 매도 시점에서는 점점 '매도자 우위의 시장'으로 바뀔 것이라 예상한다. 시중 금리가 하락하면 부동산과 증시는 상승하게 마련이다. 꼬마호텔 투자의 적기를 이번년도 후반기로 내다보는 이유이다.

소위 부동산 전문가라고 하는 사람들은 대한민국 주택 시장이 하향화라고 이야기하고 다닌다. 그런데 부동산은 현재 시장이 아니라 최소 3년 후의 매도 시점이 중요하다. 부동산은 대부분 세금 문제 때문에 최소 3년 정도는 보유하고 매각하는 전략을 채택한다. 엑시트 시점에서 시세 차익을 실현할 수 있기 때문이다. 지금 매수자 우위의 시장에서 저렴하게 물건을 매수하고 3년 뒤에 비싸게 팔아야 한다.

시간이 흐를수록 인건비와 원자재 가격은 상승할 수밖에 없다. 그리고 이에 따라 건축비 역시도 상승하며, 그렇게 한 번 올라간 건축비는 절대 내려가지 않는다는 점을 유념할 필요가 있다. 더 자세히 풀어 보자면 통상적으로 물가 안에는 건축 자재비도 포함되는데, 최저임금 상승으로 인한 인건비 상승은 물가 상승으로 이어지고, 이는 결국 부동산 상승으로까지 연쇄적으로 이어진다. 부동산이 우상향 흐름으로 갈 수밖에 없는 이유이다.

다시 말하여 2024년 꼬마호텔 투자에 나선다면, 2027년 엑시트를 목표로 삼는 편이 낫다는 이야기이다. 그렇기 때문에, 2027년의 부동산 상황까지 미리 예측할 필요가 있는데, 거듭 강조하듯이, 긴 호흡으로 바라보면 부동산은 우상향하는 경향성이 크므로 꼬마호텔 투자가 안전하면서 수익률도 높이는 것이다.

그렇다면 꼬마호텔 투자에서도 가장 유리한 방법은 최적의 입지를 잘 찾아서 저렴하고 합리적인 가격에 물건을 매입하는 것이 그 첫걸음이 될 것이다. 꼬마호텔 부지 매입에 가장 중요한 시기이자 찬스가 될 수 있다. 꼬마호텔 투자가 처음에는 그 노력의 결실이 쉽게 피부로 다가오지 않을 수도 있다. 그러나 이 책에서 알려주는 투자 노하우만 믿고 따라오면 언젠가는 반드시 높은 수익률로 보답을 받을 것이다.

K-컬쳐의 시대, 꼬마호텔 투자는 빠를수록 좋다

'인생은 타이밍'이라고 하였다. 어디서 무얼 하든 타이밍이 중요하다는 이야기이다. 이러한 측면에서 2024년은 꼬마호텔 투자의 적기라고 볼 수 있다. 서두에도 언급하였듯, 대한민국의 대외적 위상이 달라진 것이 그 첫 번째 이유이다. BTS와 오징어 게임을 위시한 K-컬쳐가 세계 곳곳에 파고들었다. 이제 세계인들은 메이드인 재팬의 재패니메이션(Japanimation)이 아닌, 메이드인 코리아의 K-팝과 K-드라마, K-웹툰과 K-예능을 즐긴다.

이처럼 작금의 K-컬쳐는 전 세계적으로 영향을 뻗칠 만큼 대단히 강력하다. 오징어 게임은 리메이크되어 실제 리얼 체험형 챌린지 예능으로 탈바꿈했다. 이처럼 예술, 문화, 영화 산업을 장악하고 전 세계적인 경쟁력으로 지구촌에 K-콘텐츠들이 상영되고 있는데, 이것을 접하고 중독된 전 세계의 2030이 대한민국을 방문지로 선택하게 되는 것이다. 그래서 이제 서울은 미국 뉴욕, 일본 도쿄, 영국 런던, 프랑스 파리와 같은 '데스티네이션 시티(Destination city: 여행 목적의 도시)'로 자리 잡게 되었다.

K-컬처와 관련된 방한 인원은 상상 외로 어마어마하다. '문화를 장악한다'라는 이야기는 과거 일본 사례에서 볼 수 있듯, 결국 미래 세대의 상상력을 장악하는 것과 다름없다. 우리가 어린 시절 디즈니에서 만든 애니메이션과 할리우드에서 제작한 영화를 보고 미국을 동경했듯이, 현재 전 세계의 미래 세대들이 K-컬처에 열광하고 있다. 더 나아가 그들이 보고 즐긴 영상의 장소를 한 번쯤은 방문하고 싶어 한다. 하물며 과거에 우리가 그랬듯, 그들 역시도 지금 이 시간에도 대한민국을 방문하고 있다. 방한 인원은 더욱 늘어날 것이다.

한 매체에 따르면 넷플릭스를 많이 본 순위 100위 안에 대한민국 작품은 무려 14개나 된다. 배우 송혜교가 열연한 '더 글로리 시즌 1'은 전 세계 시청률 3위를 기록했으며, 세계인들은 2023년 상반기에만 '더 글로리 시즌 1'을 6.2억 시간이나 시청하였다. 세계인들은 어쩔 수 없이 외부와 격리되어 방안에 머물러야 하는 코로나19 팬데믹 기간 동안 넷플릭스와 유튜브를 통하여 자연스럽게 대한민국의 콘텐츠를 보면서 자연스럽게 한류의 영향을 접했고, 대한민국 작품들에 등장한 장소와 옷차림, 먹거리는 향후 데스티네이션 시티로서의 대한민국의 입지를 더 강화시켜 주었다.

코로나19 이후 여행 트렌드도 바뀌고 있다. 혹시 '스크린 투어리즘(Screen Tourism)'이라고 들어 보았는가. 스크린상에서 하는 여행을 일컫는데, 사람들이 외출을 하기 어려운 코로나19 팬데믹 기간에 빠르게 확장하면서 퍼지게 된 트렌드이다. 한 조사에 따르면 글로벌 여행객의 절반 이상이 TV 프로그램이나 영화 시청 후 여행지를 조사하거나 예약한 경험이 있다고 밝혔다. 4명 중 1명은 TV 프로그램과 영화가 여행 계획에서 이전보다 훨씬 큰 영향을 미친다는 데 동의하였다. 실제로 여행객들은 인스타그램, 틱톡, 팟캐스트 같은 SNS보다 TV 프로그램이 여행 결정에 더 큰 영향을 미친다고 답하였다. 한국인 여행객을 대상으로 한 조사도 있는데, 이들 중 TV 프로그램(40%)과 OTT 독점 콘텐츠(40%)가 페이스북(35%) 및 틱톡(30%)보다 여행 결정에 더 큰 영향을 미친다고 말하였다. 이러한 통계에서도 알 수 있듯이, 영상의 파급력은 실로 어마어마하다. 다시 한번 코로나19 팬데믹 기간으로 돌아가 그때의 생활들을 떠올려 보자. 그 3년이라는 기간 동안, K-콘텐츠는 전 세계인을 매료시켰고, 이제 대한민국과 서울은 그들에게는 죽기 전에 한 번은 꼭 가봐야만 하는 데스티네이션 시티이자 버킷 리스트에 포함되었다.

그래서 필자가 강조하고 싶은 대목은 이제 우리도 조금은 더 자신감을 가지고 K-콘텐츠의 '앞으로의 10년'을 기대해 보자는 것이다. 이웃 나라 일본이 그랬던 것처럼, K-컬쳐는 이제 겨우 시작일 뿐이다. 이러한 트렌드를 그냥 간과하지 말고 유심히 지켜보고, 이와 관련된 사업을 긍정적인 마인드로 바라보면서 꼬마호텔 비즈니스를 시작하고 수익까지 얻었으면 좋겠다.

꼬마호텔은 글로벌 사업 성장의 발판

다시 말하지만 꼬마호텔은 한국인만 대상으로 하는 내수 위주의 사업이 아니란 점을 부디 명심해 주기를 바란다. 꼬마호텔은 80억 전 세계인을 대상으로 하는 거대한 비즈니스가 되고 있다. 내수 시장이 아닌 글로벌 시장의 관점에서 사업을 한다는 것은 어마어마한 비전이 아닐 수 없다. 대한민국의 작금의 경제 상황만 보더라도 그렇다. 세계에서도 내로라 하는 삼성전자, 현대자동차, SK하이닉스 등이 내국인을 대상으로 비즈니스를 하는가? 그렇지 않다. 이들은 자신들의 제품을 전 세계로 수출한다.

80억 전 세계인을 대상으로 비즈니스를 한다. 그렇기 때문에 코스피에서도 시가총액 최상단을 차지하고 있는 것이다. 이처럼 전 세계인을 대상으로 비즈니스를 펼치고 운영해야 수익이 잘 나온다. 꼬마호텔 역시도 마찬가지이다.

더군다나 코로나19 팬데믹 종식 이후 2027년까지 대한민국을 찾는 외국인 관광객의 발걸음은 크게 늘어 3,000만 명에 달할 것으로 예상하고 있다. 코로나19 팬데믹 해제로 말미암은 보복 관광에 K-콘텐츠를 향한 열망까지 겹치면서 '매력적인 관광지'로서의 대한민국(특히나 서울)의 위상은 한층 올라갈 것이다. 그리고 이러한 특수의 파도에 몸을 실어야 하는 투자가 바로 꼬마호텔 투자인 것이다.

틈새시장 안에 블루오션이 있다

이 대목에서 '왜 자금력이 있는 대기업들은 이 시장에 들어오지 않을까' 하는 의구심 내지는 반문이 있을 법도 한데, 대기업들은 자잘자잘한 규모의 개발보다는 지구 단위의 통 큰 개발을 원하는 경우가 많다. 그런데 이때는 기존 구축 소유주 간의 의견들이 다 달라 수용에 어려움을 겪게 된다. 부동산은 시간 싸움인데, 수용에만 수년이 걸리는 경우가 허다하니 애초에 접근에 어려움이 있다.

이 때문에 부동산은 전통적으로 '기업화'가 일어나지 않은 분야 중 하나였다. 그래서 개개인이 승부를 볼 수 있다는 메리트가 있다. 이는 다시 말하여 개개인에게도 기회가 돌아갈 수 있다는 이야기다. 그중 꼬마호텔은 개개인이 구축을 매수하여 그대로 고스란히 운영하든, 리모델링하여 운영하든, 신축으로 운영하든, 그것도 아니면 운영권을 위탁해 그에 따른 비용만 받든 다양하게 운영할 수 있다는 메리트가 존재한다.

2장

꼬마호텔
성공 공식
실전 투자
노하우

단 1채 투자로도 10억 원을 벌 수 있다.

구도심의 주요 관광 플레이스를 공략한다
노후화된 골목의 작은 건물에 주목하라
공간 분배에도 전략이 있다
공급이 부족한 곳을 찾아 콘셉트로 차별화하라
엑시트 전략에 맞춰 임대해서 리모델링하라
눈에서 멀어지면 마음도 멀어진다

2종 일반 근린생활시설 건물 재건축

꼬마호텔 단 1채 투자로도 10억 원을 벌 수 있다. 이는 결코 허황된 주장이 아니다. 지금부터 실제로 성공을 거뒀던 투자에서 얻은 노하우를 이야기해보겠다.

우선 서울 마포구 동교동(홍대)에 위치한 꼬마호텔 사례다. 홍대는 서울뿐만 아니라, 전국구로 유동 인구가 몰리는 대한민국 1020 문화의 메카다. 서울 지하철 중에서도 가장 유동 인구가 많은 노선인 2호선이 지나가고, 경의중앙선과 인천국제공항철도까지 지나가는 트리플 역세권이다. 몇 년 전에는 경의선 숲길까지 조성되면서 연남동까지 더해 보고 즐길 거리가 더욱 많아졌다.

또한 홍대입구역 부근은 대한민국에서 대학가가 가장 많이 분포한 곳이다. 홍익대뿐만 아니라, 연세대, 이화여대, 서강대도 그리 멀지 않다. 홍대 젊음의 거리, 신촌 거리, 마포 거리도 비교적 가까운 거리에 위치해 있다. 게스트하우스는 서울 시내 안에서도 번화가를 중심으로 분포해 있는데, 홍대 앞은 문화 시설, 음식, 미식 탐방지로서 위상이 여전하기 때문에 신촌역과 이대역 부근이 침체할 때도 홍대입구역 부근은 굳건하였다.

12억 투자로 30억 이상의 매매차익을 달성하다

홍대 꼬마호텔 사례는 일반 단독주택을 매입하여 새로 신축하여 매매차익을 남긴 사례와 신축 건물을 임대하여 운영 수익을 남기는 두 가지 관점에서 스터디가 가능하다. 바로 꼬마호텔의 목적성을 모두 충족한 사례라 하겠다. 이 꼬마호텔은 건물주가 20억 원을 투자해 단독주택을 매입 후 신축하고 신규 세입자에게 임대하는 방식을 사용했다.

건물주는 2013년에 단독주택 매입 비용 20억 원과 건축공사비 10억 원(평당 약 550만 원 소요)을 들여 2종 일반 근린생활시설 건물로 개발하고,

근린생활시설 건축 계획 당시

호스텔 용도 변경 후 사업 계획

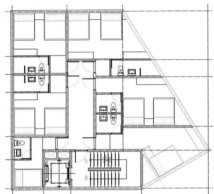

임대하기 위한 건축 계획을 세운 상태였다. 2014년 당시 필자는 홍대 상권에 끊임없이 유입되는 젊은 F.I.T*들이 선호하는 꼬마호텔의 가능성을 예견하였다. 그래서 당시 해당 물건의 세입자가 건물을 임대하고 호스텔 객

---

* FIT는 프리 인디펜던트 트래블 또는 트래블러로 자유 개인 여행객이다.

실의 추가 인테리어에 들이는 공사비로 약 2억 원을 투자하여 건물의 가치를 높였다. 그다음에 임대보증금 3억 원과 월세 1,500만 원의 계약으로 임대를 완료하였다. 이 한 건의 투자로 건물주는 공실 없이 임대 수익률 9% 이상을 달성하고 5년 후에 63억 원에 매각하였다. 단순 계산으로 30억 원 이상의 차익을 실현한 것이고 수익률로는 레버리지 효과로 15억 원 투자로 30억 원을 벌여 들였기 때문에 200퍼센트의 수익률을 달성하였다고 볼 수 있다. 2024년 현재 이 물건은 100억 원을 호가한다.

위 금액만 들었을 때 꼬마호텔의 건축과 인테리어에 소요되는 비용이 커서 엄두가 나지 않을 수도 있다. 하지만, 모든 부동산 투자자들이 그러하듯, 자기자금을 100%로 사업 진행을 하는 경우는 드물다. 사실, 건물주는 단독주택 매입과 건축을 위해 은행으로부터 투자금의 50%에 해당하는 15억 원의 자금을 빌렸다. 당시 은행 대출 이율은 3%대 수준이어서 투자금의 50% 이상 은행 대출을 받아도 크게 부담되지 않았을 뿐만 아니라 그 이자는 임대인으로부터 받는 월 차임(1,500만 원)으로도 충분히 상계가 가능했기에 2종 일반 근린생활시설에서 꼬마호텔로 용도 변경하는데 큰 부담이 없었을 것이다. 더욱이 임대인으로 받는 보증금 3억 원도 투자금을 상쇄시키는 효과와 더불어 건물을 통으로 임대하기 때문에 건물 관리 부분에서도 신경 쓸 필요가 없어 리스크가 사라졌기 때문이다. 결국 건물주의 실제 투자금은 매입과 건축비용 31억 원이 아닌, 12억 원의 투자 비용으로 임대 리스크까지 햇지(Hedge)할 수 있었다. 그리고 이 건물은 코로나19 팬데믹 기간인 2021년에 63억 원에 매매되었다. 현재는 93억 원에 부동산에 매물로 등장하였다.

월 1,500의 운영 수익까지 챙긴다

자, 이제 2종 일반 근린생활시설 건물을 호스텔로 용도 변경하여 꼬마호텔을 운영한 세입자의 입장에서 살펴보자. 이미 언급한 바와 같이 세입자는 인테리어 공사비와 보증금 총 5억 원의 투자 비용을 들여 10년의 기간을 약정, 임대차 계약을 체결했다. 또한 '관광호텔'이라는 부동산의 가치로 더 낮은 이율 혜택을 받을 수 있었다. 이 시기에 건물주는 정부 산하의 문화체육관광부에서 지원하는 관광호텔 신축 자금을 지원받을 수 있었다. 당시 이율은 1.5%로 매우 저렴하였다.

홍대 꼬마호텔의 객실 분석을 더 구체적으로 들어가 보자. 총 15개 객실을 운영하였는데, 그중 도미토리 2객실(총 16개 침대), 더블룸(2인실) 4객실, 트리플(3인실) 1객실, 쿼드(4인실) 8객실로 각각 2만 5,000원(인당), 6만 원, 8만 원, 10만 원의 공시가를 책정하였으며, 온라인에 할인요금을 적용해 전 객실 기준 평균 8만 원의 객단가를 유지했다.

당시 홍대에 유입하는 관광객 수가 많고 객실이 부족했던 시절이었기에 100%의 어큐펀시(occupancy, 객실 점유율)를 유지했지만, 여유 있게 수치상 80%의 점유율로 계산해 보면 임차인이 손에 쥔 월 수익은 임대료

형태	객실수	수용인원	rack rate	기준	일매출	월매출
도미토리	2	16	25,000	인당	400,000	12,166,667
더블	4	8	60,000	객실	240,000	7,300,000
트리플	1	3	80,000	객실	80,000	2,433,333
4인실	8	32	120,000	객실	960,000	28,800,000
계	15	59			1,680,000	50,400,000

와 공과잡비를 전부 제외하고 1,500만 원이 넘게 거둬들였다. 이러한 수익률은 코로나가 터지기 직전인 2019년까지 유지되었으며, 이후 2020년에 1인 가구를 위한 장기 숙박 시설로 활용하기 위해 타 임차인에게 권리금 3억 원에 매도하였다

년간 수익 분석	객실료 6만 원	객실료 7만 원	객실료 8만 원		비고
room Avaliable(실)	5,475	5,475	5,475		15실
max revenue	328,500,000	383,250,000	438,000,000		연간
sold rooms	4,380	4,380	4,380		Occ 80%
A/D/R	60,000	70,000	80,000		
room Revenue (객실매출)	262,800,000	306,600,000	350,400,000		
F&B Total (부대시설수익)	1,314,000	1,533,000	1,752,000	0.5%	
Other Operating Total (기타임대수익)	5,000,000	5,000,000	5,000,000		근생 시설 임대
Total Revenue	269,114,000	313,133,000	357,152,000		연간
Cost of sales (판매수수료)	52,560,000	61,320,000	70,080,000	20%	
Payroll & Related (급여 및 연관비용)	57,487,500	57,487,500	65,700,000	15%	최저 인건비 기준 객실 7만 원
Operating costs (운영비용)	31,536,000	36,792,000	42,048,000	12%	
Facility management costs(시설관리비용)	5,256,000	6,132,000	7,008,000	2%	
Interest(대출이자)	4,000,000	4,000,000	4,000,000	2%	200,000,000
Total Expenses	150,839,500	165,731,500	188,836,000		
임대료	17,000,000	17,000,000	17,000,000		
Total Expenses	17,000,000	17,000,000	17,000,000		연간
GOP(영업이익)	101,274,500	130,401,500	151,316,000		연간
% of GOP (영업이익율)	38	42	42		GOP/T-Rev

구도심 주요 관광 플레이스를 공략하라

동대문 서울앤호텔은 서울의 전통 있는 구도심 중 하나인 동묘와 신설동 사이에 위치한 물건(서울특별시 종로구 숭인동 202-13번지)이다. 이 지역은 서울의 중심이 강북에서 강남으로 넘어간 이래로 옛 명성을 회복하지 못하고 있지만, 최근 북촌 한옥마을, 서촌, 익선동 등을 통해 점점 범위를 확산하면서 MZ세대들로부터 사랑받고 있다. 동묘의 경우에는 희귀한 구제 물건들을 구매할 수 있는 벼룩시장이 MZ세대들에게 인기를 끌고 있다.

구도심에 황금 입지가 숨어 있다

이 지역을 중심으로 반경 3킬로미터를 분석해 보면, 서울 강북의 주요 플레이스를 다 수십 분 내에 갈 수 있는 황금 입지이다. 경복궁, 경희궁,

덕수궁, 창덕궁, 창경궁 등 5대 궁궐은 물론, 동대문, 동대문역사문화공원(DDP), 종묘, 광화문, 명동, 인사동, 남산 케이블카, 북촌, 삼청동, 익선동, 마장동, 제기동 약령시장, 경동시장, 청량리 청과물시장 등 보고 즐길 거리가 즐비하였다. 성균관대, 성신여대, 고려대, 한성대, 동국대, 한양대, 서울시립대, 한국예술종합대, 경희대, 한국외대 등 대한민국 주요 대학들도 다수 포진해 있었다. 이는 다시 말하여 외국인 관광객 수요는 물론, 대학생 수요까지 잡을 수 있다는 의미다. 게다가 의류 특구인 동대문 인근 평화시장이 있어서 패션 관련 관광객과 상인의 수요도 꾸준하였다.

이 지역은 전통적으로 구도심인 탓에 구축이 즐비해 낡은 모습을 띠고 있지만, 이는 반대로 말하면 개발 및 발전 가능성이 무궁무진하다는 이야기도 된다. 현재 자리잡은 구축들은 향후 짧게는 몇 년, 길게는 십수 년 뒤에는 멋드러진 신축으로 환골탈태할 것이라고 내다보고 있다.

다시 본론으로 돌아오면, 서울앤호텔 동대문은 원래는 낡은 구축에 불과하였다. 그런데 입지 및 향후 관광수요 예측 조사 결과 이곳이 뜨겠다는 축이 왔다. 일단 입지가 압도적이었다. 서울 지하철 1, 6호선 더블 역세권인 동묘앞역과, 서울 지하철 1, 2호선은 물론 우이신설선까지 지나는 트리플 역세권인 신설동역 사이에 위치하였다. 참고로 사업 환경을 검토하고 분석할 당시만 하더라도 우이신설선이 생기기 전이었다.

대로변에서 골목 안쪽으로 들어오는 단점에도 불구하고 지하철역에서 도보로 3~10분 남짓한 거리에 불과하였기에 큰 문제가 되지는 않았다. 동묘앞역 2번 출구와 신설동역 11번 출구에서는 도보 3분에 불과하였

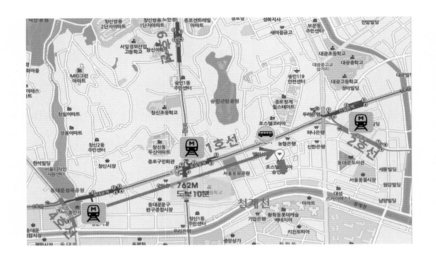

고, 서울 지하철 4호선까지 통과하는 동대문역 4번 출구에서도 도보로 10분에 불과하였다. 동대문역에서 버스를 타고 올 경우 한 정거장, 4분이면 닿는 거리였다. 요컨대, 1, 2, 4, 6호선에 우이신설선까지 서울 지하철 노선 중 절반에 가까운 다섯 개 노선이 지나는 황금 중 황금 입지였다.

고로 외국인 관광객들이 접근하기 대단히 용이한 입지라고 볼 수 있었다. 버스 교통편도 상당했는데, 인천국제공항 리무진 버스를 타면 동묘

앞 버스 정류장에 바로 내릴 수 있었다. 사실 지하철로도 공항철도를 통해 서울 지하철 1호선 서울역에서 딱 한 번만 환승하면 동묘앞역까지 도달할 수 있다. 김포국제공항에서 오더라도 서울역과 동묘앞 또는 신설동역까지는 서울 지하철 1호선으로 한 번에 닿기 때문에 굉장히 편리하다는 이점이 있다. 앞서 언급하였듯 동묘앞역에서 하차한 뒤 2번 출구로 나와서 도보로 3분 거리에 불과하기 때문에 상당히 접근성이 좋다고 볼 수 있고, 서울앤호텔 동대문에 여장을 풀고 근처의 동묘와 벼룩시장 등 관광과 먹거리를 즐길 수 있는 등 누릴만한 메리트가 상당했다.

구도심 개발의 인센티브를 챙겨라

사실 처음부터 서울앤호텔 동대문을 염두에 두고 시작한 물건지는 아니었다. 시작은 미약하였다. 처음에는 30년 된 낡은 모텔을 매입하여 B&B 호텔로 리모델링하였다. '호스텔코리아'라는 상호를 달고 개인으로 2012년 매수를 하였는데, 저렴한 가격으로 인테리어를 진행하다보니 당시로서는 파격적이고 눈에 잘 띄는 연두색과 주황색으로 외관을 칠하고 당시 이노스텔(굿스테이) 인증(현재는 한국관광품질 인증이다)을 받아 외국인을 대상으로 하는 B&B 호텔로 운영하였다. 무허가 오피스텔을 활용해 불법으로 외국인을 대상으로 운영하던 당시 다수의 게스트하우스와 달리 인증제도를 통해 일반 숙박업의 낡은 모텔을 관광호텔의 용도로 활용한 대표적인 사례다. 당시 인증을 받을 수 있었던 것은 주차장 용

도 변경을 통해 객실을 확충하고 커뮤니티 편의시설을 구성하여 내부 시설의 보완, 대실 운영 없이 외국인이 필요로 하는 서비스를 제공했기 때문이다. 이러한 시설 투자로 수익이 대폭 늘어났다. 즉, 리모델링과 운영 방식의 변화만으로 매월 4,000만 원 이상의 매출을 유지한 것이다.

그렇게 수익성을 확인하고 나니까 이 건물이 위치한 상업지역의 용적률을 알차게 활용하지 못하고 있다는 생각이 들었다. 그리하여 용적률을 가능한 한 최대치까지 활용하여 건물 층수를 올려 재건축을 시행하였다. 이 결정에는 사업지 주변이 변화에 따른 개발이 불가피하다는 시류도 작용하였다. 근처 숭인동 207-32번지 내 7필지(총면적 946㎡)에 착공하는 포씨즌 숭인동관광호텔은 관광호텔 특별법에 따라 800%에서 960%의 용적률 상향 인센티브를 적용받고 지하 3층에서 지상 18층, 총 240객실로의 신축이 계획되어 있었다. 포씨즌 숭인동관광호텔의 신축에 따라 호텔 직원의 숙소 및 관광객 모객이 자연스레 이뤄질 터였고, 이에 따른 일일 유동 인구는 2,000명으로 예상되었다. 더불어 동측 공개 공지 공원 조성으로 진입로 확보 및 주변 환경 개선도 저절로 이루어질 터였다.

어찌 되었든 이러한 복합적 상황 속에서 그렇게 꼬마호텔이라고 부르기에는 조금 어색하지만, 중형 규모의 비즈니스호텔이 탄생하게 되었다. 서울앤호텔 동대문이 탄생하게 되는 스토리와 전략을 살펴보자.

수익성 확보 이후 업그레이드 과정

서울앤호텔 동대문은 '동대문 관광 숙박 시설 개발 사업'이라는 사업 명으로 '관광호텔(호스텔) 신축'에 목적성을 두고 진행하였다. 물건지가 위치한 숭인동 202-13번지는 일반상업지역으로, 숭인 제1종 지구 단지 계획 구역이라 용적률이 상당하였다. 그런데 필자가 리모델링할 당시에 는 지하 1층~지상 5층 규모로 용적율을 243.67%, 건폐율을 59.2%만

건축 허가 세부 내역

구분	내용
소재지	서울시 종로구 숭인동 202-13(종로구청장)
건물주	(주)호스텔코리아 대표이사 권진수 외 2인
규모	지하2층~지상14층
용도	관광숙박시설(호스텔)/신축
승인일자	2014.12.30
준공예정일	2016.7.31
건축연면적	2,588.82m²/783.11평 (지상 2,269.51m²/686.52평)
객실수	101실
부대시설	커뮤니티홀, 공동취사장, 라운지

쓰고 있었다. 대지면적은 304.8㎡(92.36평)인데, 활용 폭이 아깝다는 생각이 들었다.

이 구역은 2014년 제30차 건축위원회 심의가 의결되었는데, 그해 11월 12일 호스텔 사업계획승인서를 받았다. 그리고 2016년 12월 30일 준공하였다. 층 수 스펙은 상술한 대로인데, 한 가지 특이한 사항은 토지가 그다지 넓은 편이 아닌 데다가, 주차장을 지하로 팔 경우에는 공사비가 늘어나기 때문에 주차 대수를 최소한으로 잡았다(주차 4대 가능). 여기에는 외국인 관광객들이 지하철이나 공항버스와 같은 대중교통으로 해당 숙소를 이용한다는 측면도 작용하였다.

본격적인 사업에 들어가기 전에, 500m 반경으로 기준 삼아 주변 입지를 철두철미하게 분석하였다. 2015년 7월 기준으로, 주변에 외국인 관광객을 수용할 만한 공급 요인이 부족해 보였다. 가장 큰 축에 속한 특2급의 베니키아 프리미어 호텔 동대문이 240실로 비교적 최근 개관하였고, 라마다 앙코르 서울 동대문(332객실)이 양대 산맥으로 버티고 있었다. 다음으로는 레지던스 등급의 종로 모닝 스카이(109실)가 위치해 있었고, 86가구 수준의 소형 오피스텔(레지던스)을 비롯하여 오즈모텔(39객실), 라임스테이(30객실), 24게스트하우스 동대문스타일점(16객실), 그리고 필자의 브랜드인 호스텔코리아 10호점(10객실)이 거의 다였다. 사실상 종로 모닝 스카이 이하로는 여관급에 불과하다고 볼 수 있었으며, 그 외에는 일반 숙박 시설을 활용한 소규모 게스트하우스가 다수 분포하고 있었다.

대부분이 모텔이나 여관 등의 일반숙박시설 중심의 게스트하우스로 운영되고 있었으며, 그중 일부 게스트하우스는 고시원을 활용하기도 하

상호명	형태	등급(객실수)	룸타입	가격
호스텔 코리아 10호점	관광숙박시설 (235㎡) 지상 2층만	호스텔 (10객실)	더블, 트윈, 트리플	52,000 ~64,000
오즈 모텔	숙박시설 (1,037.98㎡) 지하1층~지상6층	여관 (39객실)	디럭스 더블룸	40,000
베니키아 프리미어 호텔 동대문	관광숙박시설 (9,896㎡) 지하3층~지상18층	특2급 (256객실) 예정	미정	미정
라임 스테이	숙박시설 (635.245㎡) 지하1층~지상5층	여관 (30객실)	더블, 트윈룸, 트리플, 트리플 스튜디오	47,059 ~64,706
24게스트 하우스 동대문 스타일점	숙박시설 (262.58㎡) 지하1층~지상3층	여관 (16객실)	싱글, 이코노미 트윈, 프리미어 트윈, 프리미어 더블, 트리플, 패밀리	35,000 ~70,000
모닝 스카이	업무시설/도시형 생활주택 (4,705.09㎡) 지하2층~지상16층	레지던스 (109객실)	더블, 트윈, 트리플, 디럭스 트윈	48,000 ~65,000
라마다 앙코르 서울 동대문	관광숙박시설 (11,589㎡) 지하6층~지상20층	미등급 (332객실)	프리미어더블, 스탠다드(더블, 트윈), 수페리어(더블, 트윈), 쿼드러플 스위트	76,000 ~123,000

였다. 아고다와 부킹닷컴 등 예약 사이트를 통하여 등록한 시설이 다수 있었지만, 덩치가 큰 숙박 시설은 동묘앞과 신설동이 갖는 입지의 가치와 중요성에 비하면 턱없이 부족한 터였다. 그리하여 100실 이상급 규모의 중형급 호텔이 생겨난다면, 꽤나 경쟁력이 있을 것 같았다.

서울앤호텔 동대문은 앞서 설명했듯, 일반숙박시설(모텔)을 굿스테이의 인증을 받아 관광숙박시설로 변신, 운영해 큰 수익을 얻고 있었다. 30년 된 구축 모텔을 허물고 신축을 통하여 101개의 관광호텔을 세워 늘어나는 외국인 관광객 수요를 흡수할 수 있다면, 기존에 경험한 그 이상의 수익창출 뿐만 아니라 부동산적 가치의 상승까지 기대할 수 있었다.

사업지 주변은 베니키아 프리미어 호텔 동대문 등 신축의 가세로 낡은 상권에서 환골탈태하는 흐름으로 가고 있었다. 이에 따라 향후 수년 내에는 소규모 게스트하우스와 모텔의 고객을 흡수할 가능성이 높을 것이며, 일일 유동 인구는 1,200명 이상이 예상되었다. 더불어 호텔에서 조성하는 공개 공지 등으로 주변 환경이 개선되리라는 점은 명약관화하였다.

이미 기존에 운영했던 경험으로 입지 경쟁력에 대한 검증은 마친 상태였다. 201-19도와 202-17도 등 두 개의 이면 도로를 끼고 있었고, 도시지역, 일반상업지역, 지구단위계획구역이라는 메리트를 안고 있었다. 가축사육제한구역(가축분뇨의 관리 및 이용에 관한 법률), 대공방어협조구역(위탁고도 54~236m, 군사기지 및 군사시설 보호법), 수도권 정비 계획법에 따른 과밀억제권역에 걸리기는 하였지만, 사업 진행에 딱히 차질을 주는 요인은 아니었다. 이외 토지이용규제 기본법 시행령 제9조 제4항 각 호에 해당하는 사항은 없었다. 또한 주차장 조성 문제는 관광숙박시설 확충에 따른 법률에 의한 인센티브 조항으로 어느 정도 해결할 수 있었고, 지하층과 2종근린생활시설을 임대하여 임대 수익 확충이 가능하였다.

콘셉트를 만들어 주변 호텔과 차별화한다

서울앤호텔 동대문은 지하 2층~지상 14층 101실 규모의 관광호텔로 설계하였는데, 대지 면적은 306.80㎡(92.81평) 규모이고, 연면적은 2,584.49㎡(783.18평) 규모이다. 건축 용도는 당연히 근린생활시설, 관광호텔(호스텔)이다. 관광호텔 최초로 FIT 고객들을 위한 저렴한 가격의 도미토리룸을 2층에 배치하였으며, 1박당 2만 원의 가격에 숙박과 조식을 해결할 수 있다.

FIT 고객들을 위한 저렴한 가격의 관광호텔을 목표로 하였기 때문에, 3C는 어찌보면 당연해 보이는 컨셉일 수 있으나, 관련 상권의 여타 호

서울앤호텔 호텔의 3C와 SLH로 연결되는 초기 콘셉트 안

깨끗·저렴·즐거운 디자인 호텔

3
1. 3층 도미토리
2. 3인실
3. 3개의 공용 공간

C
1. CHEAP 저렴한 호텔
2. CLEAN 깨끗한 호텔
3. CHEERFUL 공유 공간을 가진 호텔

1. CHEAP
저렴한 호텔

지출을 절약할 수 있는
저렴한 호텔

2. CLEAN
깨끗한 호텔

청결함과 지속적 관리로
신뢰감 부여

3. CHEERFUL 공유
공간을 가진 호텔

공유하며 웃음이 있는
행복한 공간

텔을 체계적으로 분석한 결과, 가장 기본적인 부분을 효율적으로 개선하는 것만으로도 큰 효과를 볼 수 있겠다고 판단하였다.

영문 알파벳 C를 공통 분모로 하는 세 가지 콘셉트를 들고 나왔었는데, Cheerful, Cheap, Clean이다. 첫 번째 Cheerful은 공유하는 호텔이다. Share laug happiness, 공유하면서 웃음꽃이 피어나는 행복한 공간을 의도하였다. 두 번째 Cheap는 Saving low price hotel, 다시 말하여 지출을 절약할 수 있는 저렴한 공간이 되었으면 하였다. 세 번째, Clean은 Spotless look after have faith, 즉 저렴하고 지속적인 관리로 대한민국을 방문하는 외국인 관광객들에게 신뢰감을 주고자 하였다.

서울앤호텔 동대문은 필자가 가장 애착을 갖고 있는 대표적인 성공 사례이다. 서울의 동쪽 관문인 흥인지문(동대문)에 근접하여 있는 서울앤호텔 동대문은 비즈니스, 관광, 패션 등 서울의 독특한 문화를 느낄 수 있는 곳이다.

서울앤호텔 브랜드를 처음 런칭할 때 하이엔드(High-end)급의 럭셔리 호텔과 저가의 게스트 하우스로 양분된 시장에서 고객에게 합리적인 가격과 서비스로 그들을 만족시키는 가성비 있는 호텔을 만들고 싶었다. 이러한 목표를 위하여 필자는 15년 동안 실무와 이론적 토대를 쌓아 올렸고, 그간의 운영 노하우를 바탕으로 체계적이고 전문적인 새로운 형태의 숙박 시설 브랜드를 선보이게 된 것이다. 전문적인 운영시스템과 우수한 인적 자원이 선보이는 맞춤형 토탈 서비스를 제공하는 호텔을 만들려는 노력을 지금도 이어 나가고 있다.

좋은 콘셉트는 엑시트 전략까지 이어진다

호텔의 콘셉트는 3C를 바탕으로 한 차원 더 높이는 개선점으로 "HOME AWAY FROM HOME"을 콘셉트로 내걸었다. 호스텔 콘셉트의 고품격 게스트 하우스 디자인으로, 주변 숙박시설과 차별점을 두고자 하였다. 그리하여 큐브 형태의 디자인 방향성을 갖고 설계에 나섰고 Stay, Share, Unban을 모토로 내걸었다.

주변의 저렴한 모텔 및 게스트하우스 고객 확보를 위하여 그리고 가격 경쟁력을 갖기 위하여 객실 크기(기준 객실 14㎡)를 축소하였고, 고객들이 자연스럽게 만날 수 있는 공유 시설과 커뮤니티 시설을 확충하여 경쟁력을 높였다. 아울러 리셉션 입구를 커뮤니티 라운지 형태로 디자인하여 여행객 및 비즈니스 고객이 함께 사용할 수 있는 다용도 공간을 확보하고자 하였다. 작은 평수이지만 벙커형 디자인의 침대를 이용하여 저렴하면서도 편안하고 실용적인 디자인 룸을 투숙객들에게 제공하고자 의도하였다. 단위 면적당 수익률 증대를 위하여 11인실 3층 도미토리를 확충하였는데, 이러한 설계에는 신축하고 나서 건물의 향후 자산 가치 상승으로 고가에 매도하겠다는 엑시트 전략까지 포함되어 있었다.

종합하자면, 숭인동의 꼬마호텔 매도안으로는, 우선 1단계로 현 건축물을 포함한 토지 매도 금액으로 40억 원을 잡았다. 건축 인허가 승인을 완료하였고, 이 비용 1억 5,000만 원을 포함한 금액이다. 2단계로는 호텔 건축 비용으로 러프하게 45억 원을 잡았다. 건축 및 내부 인테리어를 포함한 금액이며, 1단계까지 포함하면 총 소요 비용은 85억 원이 나온다. 토지와 건축비를 포함한 금액이라고 보면 되겠다. 3단계로는 준공 및 재임대 계획이다. 보증금 3억 원에 임대료로 4,500만 원을 설정하였다. 준공 후 3개월까지는 매월 4,000만 원을 잡았다. 계약 기간은 5년을 보장하였으며, 그 이후의 기간도 옵션으로 넣어 두었다.

이러한 계획을 토대로 완성된 서울앤호텔 동대문은 개별 여행(Foreign Independent Tour: FIT)을 위한 특화된 이코노미 버젯 호텔로, 불필요한 부대 시설을 없앤 고품격 에어비앤비 콘셉트로 완성하였다. 합리적인 가격으로 소비자의 경제적 소비를 유도하며 전문화된 객실 관리로 신뢰감을 안기고자 하였으며, 여행지에서의 단순 숙박이 아닌 고객들 간의 다양한 문화 체험의 장소로 소비자에게 새로운 '양방향 플랫폼'의 체류 공간을 제공하고자 하였다. 이 기획의 실제 구현된 장소가 바로 커뮤니티 홀이다. 다양한 용도로 활용할 수 있게끔 차별화한 공간을 만들었다. 외국인 게스트들은 24시간 무료로 이곳에서 음식을 먹거나 담소를 나눌 수 있게 하였다. 실제 커뮤니티 홀 기둥에는 외국인 투숙객들이 남긴 다양한 문화의 흔적들이 게시되어 있는데, 이 장소를 통하여 다양한 국적의 투숙객들이 자연스럽게 문화를 교류하고 글로벌한 사교의 장을 꾸려 나갈 수 있게 하였다.

아울러 최적화한 모바일 예약 시스템과 연동 시스템으로 고객의 만족을 극대화하며, 고객들의 편안한 잠자리를 위한 고급스럽고 깨끗한 침구, 작지만 활용도 높은 감각적인 인테리어를 통해 특별한 휴식 공간을 제공하고자 하였다.

서울앤호텔 동대문의 객실 타입은 11인실의 남녀가 같이 사용하는 믹

콘셉트에 맞게 설계한 커뮤니티홀 도면과 계획 이미지

스 도미토리, 10인실의 여성 전용 도미토리, 스탠다드 룸, 트윈 룸, 트리플 룸, 스위트 룸 여섯 가지로 구성하였다. 믹스 도미토리는 외국인 여행객들을 위한 다인실로 구성하였는데, 싱글 베드 여러 개를 복층으로 배치한 것이 특징이다. 호스텔의 분위기와 가치를 경험할 수 있도록 설계하였다. 객실은 컴팩트하지만, 가격은 2만 5,000원부터 12만 9,000원까지 대한민국을 찾는 젊은 외국인 여행객들이 가성비와 가심비 두 마리 토끼를 다 잡을 수 있도록 하였다.

요즘은 홀로 여행하는 여성 여행객의 수요도 급증하고 있는 추세인데, 이를 감지하여 여성 전용 도미토리도 시공하였다. 홀로 여행하는 여성 여행객의 가장 큰 걱정거리는 무엇일까? 바로 안전이다. 서울앤호텔 동대문은 여성 여행객의 안전을 보장하기 위해 여성 전용 공용 객실을 기획하였다.

나홀로 여행족들을 위한 4.5㎡(1.5평) 콤팩트한 객실도 설계하였다. 1층에는 화장실과 샤워실을, 2층에는 다락 침실을 배치하여 공간 활용도를 높였고, 아늑함을 강조하였다. 서울 도심지는 땅값이 대단히 비싸기

Room Tariff		Rack
Mix Domitory	Domitory 1F	₩35,000
	Domitory 2F	₩30,000
	Domitory 3F	₩25,000
Female Domitory	Domitory 1F	₩38,000
	Domitory 2F	₩33,000
	Domitory 3F	₩28,000

Single	Standard Single	₩59,000
Double	Standard Double	₩99,000
Twin	Standard Twin	₩99,000
	Deluxe Twin	₩109,000
Triple	Family Triple	₩129,000
	Deluxe Triple	₩129,000
Suite	Presidential Suite	₩280,000

때문에 처음부터 객실을 설계할 때 공간을 최대한으로 활용하면서 객실 가격은 저렴하게 책정하는 것이 대단히 중요하다.

디자인 콘셉트는 아무래도 외국인 관광객들을 메인 타깃으로 하는 만

2F PLAN

DORMITORY
남자 (2단/6인): Bed & Locker

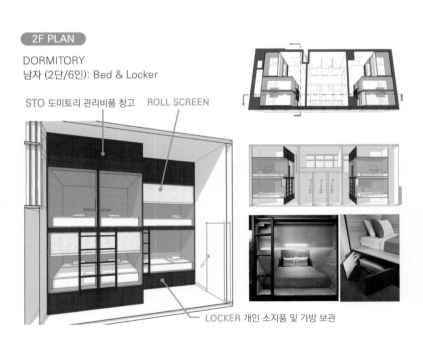

STO 도미토리 관리비품 창고   ROLL SCREEN

LOCKER 개인 소지품 및 가방 보관

큼, 한국적 분위기를 물씬 연출하고자 하였다. 디자인 콘셉트를 'Korean Modern'으로 잡았는데, 한국을 상징하는 대표적인 오방색과 대표적인 컬러들을 사용하되, 채도를 낮추어 차분함을 표현하고자 하였다. 정적이고 단아한 한국의 미를 표현한 컬러, 패턴, 소품과 모던하고 심플한 디자인의 공간 형태와 가구를 통하여 흔히 알고 있는 서양의 모던이 아닌 한국의 모던을 연출하고자 하였다.

이러한 콘셉트 설정은 주효하였다. 일단 입지가 워낙 좋아 공실(OCC)이 거의 없다시피 하였다. 코로나19 팬데믹 시기에 숙박업계는 굉장히 큰 어려움을 겪었고, 호스텔 업종도 마찬가지였는데, 필자는 이 물건 때문에 그토록 어려웠던 팬데믹 시기를 버티고 돌파해 낼 수 있었다.

그렇다면 독자 여러분들이 가장 궁금해 할, 이러한 규모와 형태의 꼬마호텔을 건립하는 데 얼마만큼의 예산이 들었을까? 결론부터 이야기하자면 건축비로는 42억 원이 소요되었다.

객실료는 5만 원일 때와 7만 원일 때, 그리고 9만 원일 때를 기준으로 계산하였는데, 이때 객실 점유율은 만실에서 70%로 잡았다. 그랬을 때 중윗값 기준으로 매출 총이익은 35%가 도출되었고, 여기에서 건물 감가상각비를 제하면 연수익률은 12~13%라는 결론에 도달하였다.

년간 수익 분석	객실료 5만 원	객실료 7만 원	객실료 9만 원		비고
room Avaliable(실)	36,865	36,865	36,865		101실
max revenue	1,474,600,000	1,658,925,000	1,843,250,000		연간
sold rooms	25,806	25,806	25,806		Occ 70%
A/D/R	50,000	70,000	90,000		
room Revenue(객실수익)	1,032,220,000	1,161,247,500	1,290,275,000		
F&B Total(부대시설수익)	5,161,100	5,806,238	6,451,375	0.5%	
Total Revenue	1,037,381,100	1,167,053,738	1,296,726,375		연간
Cost of sales (판매수수료)	206,444,000	232,249,500	258,055,000	20%	
Payroll & Related (급여 및 연관비용)	265,428,000	265,428,000	265,428,000	15%	최저인건비 기준 객실료 7만 원
Operating costs(운영비용)	123,866,400	139,349,700	154,833,000	12%	
Facility management costs(시설관리비용)	20,644,400	23,224,950	25,805,500	2%	
Total Expenses	616,382,800	660,252,150	704,121,500		
위탁운영관리비	183,900,000	183,900,000	183,900,000		
감가상각비	42,000,000	42,000,000	42,000,000		
Total Expenses	225,900,000	225,900,000	225,900,000		연간
GOP(영업이익)	195,098,300	280,901,588	366,704,875		연간
% of GOP (영업이익율)	19	24	28		GOP/T-Rev

노후화 된 골목의 작은 건물도
알뜰한 호텔이 된다

종로구 숭인동은 역사와 전통의 구도심이다. 행정구역상 숭인 제1동과 숭인 제2동으로 나뉘며, 두 동 통틀어서 창신역(서울 지하철 6호선), 동묘앞역(서울 지하철 1, 6호선), 신설동역(서울 지하철 1, 2호선, 우이신설선) 3개의 지하철이 지난다. 사람들에게는 동묘역 부근에 위치한 동묘 벼룩시장이 유명한데, 산동네 지역이고 노후화한 곳이 많다는 게 특징이다.

숭인동 물건(서울특별시 종로구 숭인동 178-65번지)은 필자의 첫 번째 작품이고 꼬마호텔의 프로토 타입 모델이라 할 수 있다.

작은 건물부터 시작해 노하우를 쌓으라

사실 이 물건은 사연이 꽤나 깊다. 매입한 것이 아닌, 부모님으로부터 물려받은 2층 짜리 주택이었다.

호스텔코리아 오리지널의 내·외부 이미지

첫 번째 연남동(홍대) 물건과 비슷한 사례로 재건축한 물건으로, 필자가 직접 5층에 거주하면거 게스트 하우스로 운영하였던 물건이다.

현재 이 건물은 다른 분이 맡아서 외국인 대상의 숙박시설로 운영하고 있다. 대로변 기준으로 볼 때 위치가 아주 좋은 것은 아니지만, 지하철역과 공항버스 정류장에서 5분 거리에 위치해 있다. 비교적 안쪽 골목에 있음에도 불구하고 외국인 관광객들이 곧잘 찾아온다.

지금도 이 건물에는 필자가 리모델링할 때 새긴 건축 승인 석판이 위치해 있다. 지금도 가끔씩 숭인동을 지나가다 건축 승인 석판을 볼 때면 흐뭇한 마음이 들면서 옛날에 고생하였던 생각도 나고 만감이 교차한다. 그 이유는 필자가 맨땅에 헤딩하듯 직접 건축하고 시공한 첫 번째 물건이기 때문일 것이다.

와룡동 호스텔코리아

공간 분배 전략을 잘 세운다

다음은 종로 돈화문 건물(서울특별시 종로구 돈화문로 85, 와룡동 140번지)의 사례다. 이곳은 호스텔코리아의 열한 번째 지점으로, 호스텔코리아 오리지널로 시작한 비즈니스모델의 종착역이라 볼 수 있을 만큼 10여 년간의 노하우가 고스란히 녹아든 완성도 높은 꼬마호텔 사례다. 이 꼬마호텔은 서울에서 가장 유동 인구가 많은 역 중 하나인 종로3가역 근처에 위치한다. 종로3가역은 서울 지하철 1, 3, 5호선이 지나는 트리플 역세권이다. 대한민국에서 가장 오래되었고, 강북의 주요 지역을 이어주는 1호선은 물론이고, 강북과 강남을 잇는 노른자 노선인 3호선, 그리고 무엇보다 김포국제공항에 닿는 5호선까지 다 갖춘 교통의 요충지로, 최근 몇 년 동안에는 젊은 세대들이 대거 찾아 핫 플레이스가 된 익선동으로 더 유명한 곳이기도 하다.

이 물건지는 종로3가역 3호선 7번 출구를 나와 창덕궁 쪽으로 올라가면 찾을 수 있다. 위로는 바로 궁궐이 있고 서북쪽으로는 서울 지하철 3호선 안국역이 있기 때문에 외국인 관광객 입장에서는 최고의 입지라 할 수 있겠다. 안국역 부근에는 서울의 고유한 맛과 멋을 즐길 수 있는 인사동과 삼청동이 자리하고 있다. 삼청동과 인사동 사이에는 북촌 한옥마을이 위치해 있다. 외국인 관광객 처지에서는 그야말로 서울에 갔을 때 반드시 들러야 할 필수 코스가 아닐 수 없다.

호스텔코리아 창덕궁점은 사실, 게스트하우스와 호스텔을 구분 짓는 기본교과서와 같은 건물이다. 당시 대부분의 게스트하우스는 호스텔 법제화 이전에 운영되던 숙박시설이여서, 고시원이나 오피스텔을 활용해

핫플레이스가 된 와룡동 입지 지도

운영해 왔었다. 관광숙박시설로서 사업 계획 아래 건축물을 디자인하고 시설계획을 세우지 않았기 때문에 내부 시설은 시스템화 되어 있지 않았다. 호스텔코리아 창덕궁점이 그 존재만으로 호스텔의 사업계획승인에 반드시 필요한 불필요한 '공용시설이 무엇인가'에 대한 기준이 될 수 있었던 것은 2002년부터 당시 2013년까지 서울과 제주에 10곳의 숙박 시설을 운영하며 얻은 모든 노하우가 웅축된 결과물이기 때문이다.

꼬마호텔 최적의 공간구성은 이렇게

필자가 이 물건을 처음 발견했을 때는 골조만 올라가 있는 앙상한 철골조물에 불과하였다. 그 당시 보증금 5억 원, 월차임 3,100만 원에 임대 계약을 체결하고, 그 이후에 사업계획승인을 받아 관광숙박시설로 용

층별 개요

구분	용도	합계	전용	공용	비고
2-5층	관광숙박시설	1038.21	807.04	231.17	
1층	캐노피	43.58	–	43.58	외부공간
	로비, 홀, 계단실 외	49.87	–	49.87	
	제1종근린생활시설	86.51	86.51	–	
	관광숙박시설	46.43	46.43	–	
	소계	226.39	132.94	93.45	
지하 1층	창고, 펌프실 등	9.67	–	9.67	
	제2종근린생활시설	207.65	207.65	–	
	소계	217.32	207.65	9.67	
합계	–	4.481.92㎡ (448.28평)	1,147.63㎡ (347.16평)	334.29㎡ (101.12평)	

도 변경하고 나서 건축 및 인테리어까지 모두 주관했다. 호스텔 코리아 창덕궁점은 지하 1층에서 지상 5층으로 이어지는 호스텔로, 대지 면적은 353.40㎡(106.90평)이다.

호스텔 개발 당시, 불필요한 부대시설을 없애고 호스텔의 공간적 특성을 부각시키고 운영자와 게스트의 구분 없이 서로 교류하며 저렴한 요금으로 시설을 공급하기 위해서는 공간구획과 인테리어 구상 등의 룸 구성계획을 가장 주요한 포인트로 삼았다. 필자는 공용시설을 크게 커뮤니티룸과 도미토리룸이라 명명하고 각 공간 내 투숙객들이 편안함을 느낄 수 있는 거리를 부여하고 심리적 안정감을 줄 수 있게 구획하고 디자인했다.

커뮤니티룸은 스탠딩 테이블, 바 스툴, 원형 스탠딩 테이블 등을 활용하여 관광객들이 담소를 나누며 차를 마시고 휴식을 취하는 공간이다. 디자인에 있어서 벽면은 한국의 전통 기와와 오방색[1] 천을 사용하여 한국적 정서를 담았으며, 다수의 사람이 편리하게 사용할 수 있는 다양한 조리 기구는 물론, 동선을 고려한 싱크대 및 주방 기기를 배치하여 저렴해서 불편함을 감수해야 하는 곳이 아닌 저렴한 가격에도 불구하고 편안함을 느낄 수 있는 공간을 만드는데 포인트를 두었다. 커뮤니티룸은 오픈부터 현재까지도 모든 투숙객들의 사랑방 역할을 톡톡히 해내고 있다.

2층에 위치한 도미토리는 여성 전용(female dorm)과 남녀공용(mixed dorm)

커뮤니티룸과 도미토리 등 내부 디자인

---

1   오방정색이라고도 하며, 황(黃), 청(靑), 백(白), 적(赤), 흑(黑)의 5가지 색을 말한다. 음과 양의기운이 생겨나 하늘과 땅이 되고 다시 음양의 두 기운이 목(木)·화(火)·토(土)·금(金)·수(水)의 오행을 생성하였다는 음양오행사상을 기초로 한다

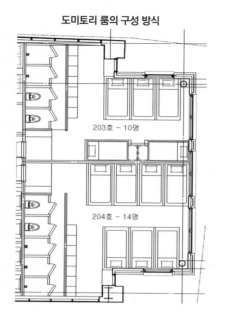

도미토리 룸의 구성 방식

203호 - 10명

204호 - 14명

2개의 도미토리룸에 각각 돔 형태의 침대를 각각 10개와 14개씩 구성하였다. 당시 게스트하우스를 중심으로 만들어진 도미토리는 제작 또는 디자인의 개념이 아닌 시중에서 판매되는 철제 2층 침대를 활용하는 것이 전부였다. 그럼에도 도미토리룸을 인테리어적으로 재해석하여 도입한 것은, 저렴하다는 이유만으로 관광객이 국내 여행에서 만끽해야 할 행복과 즐거움을 감소시키고 싶지 않았기 때문이다. 또한 외국에서는 일반적이나 국내에서는 생소했던 남녀공용 도미토리를 도입함에 있어, 이용자에게 보다 독립적인 안전한 느낌을 갖도록 하기 위해 돔 형태의 베드는 반드시 필요하다고 판단했다. 또한 다수가 이용하는 공간인 만큼, 캐리어가 들어갈 수 있을 정도의 대형 라커 시스템을 구비하고, 샤워실과 화장실을 분리함으로써 다수의 이용자가 편리하게 사용할 수 있도록 배치하였다. 그리고 그 예상은 적중했다. 믹스드 도미토리는 전 객실을 통틀어 가장 수익률이 높고 인기가 많은 대표 객실로 자리매김하였다.

기타 시설 공간도 호텔의 전략이다

그 외에 고객의 이용 편의를 위한 기타 시설은 모두 협업과 근린생활 시설 임대로 채웠다. 지하 1층에는 한의원으로, 1층에는 인삼 건강 식품 매장인 한삼인, 세븐 일레븐 편의점, 한복남 한복대여점이 포함되었다. 특히나 지하 1층의 한의원은 의료 프랜차이즈 법인인 CU MEDI CARE와 협업하여 의료 관광 비즈니스를 접목, 대한민국의 의료 관광 산업 발전에 조금이나마 이바지하고자 하였다. 구체적인 제공 서비스로는 전문 한의사의 진맥과 상담, 침술, 부항, 물리치료를 비롯하여 성형 등의 수술 후 붓기 제거, 체질 분석을 통하여 체질에 따른 한방차 시음과 풋 마사지 등의 프로그램을 접목하였다. 2013년 당시로서는 제법 파격적인 시도였다고 자부한다. 1층에 입점한 한삼인은 예로부터 한국인의 건강을 책임져 왔던 홍삼을 외국인 관광객까지 알게 하여 그들의 건강까지 책임지도록 의도하였다. 또한 한복체험 역시도 외국인 관광객들에게 한국의 미를 알리기 위함이 컸다.

2층은 강의실로 사용할 수 있는 비즈니스 세미나실을 설계하였다. 25명에서 최대 30명까지 수용 가능하며, 평일 기준으로 종일(9시간) 사용 시 15만 원을, 4시간 사용 시 10만 원을 받았다. 정수기와 무선 인터넷, 그리고 마이크는 무료로 지원하였고, 빔 프로젝트는 1시간에 4,000원, 프린터기와 복사기는 1장에 100원, 캠코더 대여는 1만 원을 받았다. 3층부터 5층까지의 30개의 객실로 구성하였는데, 트윈과 더블룸은 9만 9,000원을, 트리플룸은 12만 9,000원을, 패밀리룸은 14만 9,000원을

창덕궁과 청계천, 남산을 조망하는 루프탑 공간

책정하였다. 추가 인원이 발생하면 1인당 2만 원을 더 받았다.

루프탑은 가든으로 꾸몄는데, 건물 서편으로는 창덕궁이 보이는 옥상 정원 콘셉트로 구성하여 좋은 반응을 이끌어 냈다. 총 80명 정도 수용 가능하며, 정규 이벤트 홀과 프라이빗 비비큐(BBQ) 장소로 활용할 수 있게끔 하였다.

난타와 비보이 등의 문화 공연을 최소 5%에서 최대 50%까지 할인된 가격으로 즐길 수 있도록 쿠폰을 배치하여 외국인 관광객들로부터 호응을 이끌어낸 사례도 있다.

한편으로, 트립어드바이저, 호텔스닷컴, 부킹닷컴, 호텔인포, 호텔부커스닷컴, 라쿠텐 트레블, 호텔엔조이, 호텔스컴바인, 하나투어, 인터파크투어, 호텔나우, 호텔스클럽, 호스텔월드닷컴 등 각종 세계적인 OTA 업체들과 협업하여 시너지를 내고자 하였다.

연신내 서울앤호텔

공급이 부족한 곳을 찾아
관광호텔로 전환하라

다음은 연신내 호텔의 사례다. 필자가 서울앤호텔의 연신내점(SEOUL N HOTEL YSN)으로 개발한 물건이다. 서울특별시 은평구 불광동 소재의 연신내는 서울 서북권의 핵심 지역으로, 서울과 경기도 일산을 연결하는 주요 상업 지역이기도 하다. 서울 지하철 3, 6호선 더블 역세권인 연신내역이 지나가고 있다.

교통이 좋아 수요는 많지만, 공급이 부족한 곳이 있다

　외국인 관광객들이 서울 지하철로 이용할 시, 인천국제공항 공항선에 탑승하여 6호선 디지털미디어시티역에서 환승하고 같은 노선 연신내역 1번 출구로 나오면 도보로 1분 거리(86미터)에 있는 초역세권 물건이었다. 인천국제공항역에서 1시간 13분이면 닿는 거리이다. 공항버스 이용 시에도 6012번을 타서 연신내역(연서시장) 정류장에 하차하면 도보로 2분 거리(132미터)면 닿는 거리에 위치해 있다. 공항버스로도 1시간 12분이 소요된다. 서울 지하철 3호선 연신내역은 광화문, 경복궁을 비롯한 사대문과 주요 관광지(서오릉, 서촌 한옥마을, 한옥박물관, 북한산 둘레길, 연신내 로데오거리)에 15분이면 닿는 거리이다. 서울 지하철 6호선 연신내역은 MBC 등 방송국과 대기업들이 대거 자리한 디지털미디어시티, 서울월드컵경기장, 하늘공원 등과는 지하철 이용시 10분 내로 닿는다.

공항버스 이용시(72분 소요, 17,000원)
- 6012번
- 연신내역(연서시장) 정류장 하차
- 도보 2분거리(132m)

지하철 이용시(1시간13분 소요, 4,350원)
- 인천공항 공항선 탑승
- 연신내역 하차
- 도보 1분 거리

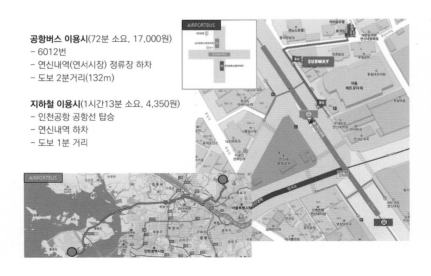

상호명	위치	형태	등급(객실수)	룸타입
펜슬 5 서울 호스텔 인 코리아	불광동 295-39	주택	미등급 (19)	트리플, 더블, 쿼드러플, 4인실
북한산 게스트하우스 옐로우	불광동 16-96	주택	미등급 (2)	더블, 6인실
와이 호텔	대조동 15-126	여관	3급 (40)	더블, 트리플, 트윈, 패밀리
베니키아 CS 서울 호텔	응암동 30-2	관광숙박시설 (관광호텔)	3급 (70)	더블, 트윈, 패밀리트윈
그랜드 스위트	홍은동 201-1	관광숙박시설 (관광호텔)	특2급 (105)	4베드, 2베드, 3베드
그랜드 힐튼 서울	홍은동 201-1	관광호텔	특급 (396)	디럭스, 슈페리어, 이그제큐티브, 온돌, 스위트
이코노미 호텔 은평	응암동 598-4	숙박시설 (여관)	객실 (23)	싱글, 더블, 트윈
연게스트하우스	연희동 162-8	주택	미등급 (4)	드윈, 더블, 싱글

필자는 사업지 주변으로 반경 500미터 안에 외국인 대상 운영 숙박시설이 1개소밖에 없다는 점에 주목하였다. 연신내뿐만 아니라, 불광, 응암, 홍제를 포함하여 그 수는 10개 미만이었다. 홍은동에 위치한 그랜드 힐튼 서울(특급)과 그랜드 스위트(특2급)를 필두로, 베니키아 CS 서울 호텔(응암동), 와이 호텔(대조동) 등이 다였다. 그 외 대부분의 숙박 시설은 대실 영업 위주의 호텔과 모텔에 불과하였다.

성공한 콘셉트를 끌어오자

불광동 관광숙박시설 개발 사업이라는 명칭으로 시작한 본 사업은 일반 숙박 시설에서 관광 호텔로 재건축하여 재미를 보았다. 관광호텔, 즉 호스텔로 신축하여 수익률을 높이는 데 그 목적성이 있었는데, 도시지역, 일반상업지역, 지구단위계획구역으로 용도가 잡혀 용적률을 높게 뽑아낼 수 있었다. 도심권과 비교해서는 상업 지역임에도 불구하고 토지구매가가 30퍼센트 이상 저렴하였으나, 객실 판매가와 매출액은 비슷하였다. 설계 시에는 서울앤호텔 브랜드를 사용하고 서울앤호텔의 콘셉트를 그대로 가져와 'CUBE' 이미지로 형상화하여 인테리어에 그대로 녹여냈다. 즉, 작지만 가장 실용적인 공간 '3C-cheerful, cheap, clean'안에 Stay, Share, Urban의 콘셉트를 담은 것이다.

첫 번째, 스테이(STAY: 머무르다)로, 편안함, 안락함, 휴식을 키워드로 삼았다. 다양한 국적 사람들과의 만남은 언제나 설레게 마련이다. 집 같은 자신만의 공간처럼 여행객들에게 안락함과 휴식을 주고자 하였다. 두 번째, 쉐어(SHARE: 공유)이다. 문화와 라이프스타일 교류, 그리고 SNS & INTERNET이 키워드로, 문화와 공간을 공유함으로써 다양한 문화와 공존하는 즐거움을 누리게끔 하였다. 참여를 통한 교류는 늘 여행을 풍부하게 함에 주목하였다. 세 번째 키워드는 어반(URBAN: 도심)이었다. 한국, 문화유산, 역사, 자연을 세부 키워드로 삼았다. 자연과 함께하는 환경에서 오는 여유로움, 편안함, 대한민국의 문화를 전하는 하나의 매개체를 이룸에 착안하였다.

STAY SHARE URBAN의 컨셉 디자인

편안함
안락함
휴식

문화체험
라이프스타일
참여·교류·대화

한국의 문화유산
역사
자연

이 물건지에서 허름한 여관 건물을 부수고 다시 지어 지하 1층부터 지상 9층까지 호스텔 객실 37개를 만들었다. 객실은 도미토리 룸(Dorm room), 2인실, 가족실 세 가지 타입으로 구성하였다. 도미토리 룸은 다국적 사람들의 공유 공간(Share space)으로, 나무 소재를 사용하여 일반적인 게스트하우스와 비교하여 아늑하면서도 고급스러운 분위기를 연출하였다. 2인실은 4~4.5평 크기의 맞춤형 공간으로 구성하였다. 아담하지만 합리적인 가격대로 이용할 수 있도록 하였으며, 도미토리 룸과 마찬가지로 나무 소재의 아늑하면서도 고급스럽게 연출하면서 안정감을 자아내고자 하였다. 공간이 좁아 보이지 않도록 거울과 조명을 이용하여 공간에 착시를 의도하였다. 외국인 관광객 중에는 가족 단위도 적지 않은데, 이들을 위하여 가족실도 마련하였다. 3~4인이 수용 가능하도록 설계하였으며, 많은 사람들이 이용하기 때문에 공간 분리와 동시에 효율적인 설계가 필요하였다. 이 때문에 침대의 개별 프레임을 두지 않고 단차를 이용하여 침실 공간을 분리하였고, 대한민국 특유의 좌식 생활을 느껴볼 수 있도록 소품을 배치한 것이 특징이다.

층간 구성은 다음과 같이 하였는데, 1층에는 주 출입구, 주차시설, 로

도미토리와 커뮤니티 공간의 디자인

비, 리셉션을 배치하였다. 2층에는 도미토리 객실을 포함하고 3층부터 9층에는 더블, 트리플, 패밀리 객실로 구성했다. 지하 1층은 공용 편의 시설로 사용할 수 있는 커뮤니티 홀과 기계실이 들어갔고, 옥탑에는 글램핑장을 설치해 외국인 관광객들의 서울 서북부의 야경을 감상하면서 글램핑을 즐길 수 있도록 의도하였다. 한편, 부대 시설로는 근린생활시설과 커뮤니티 시설을 집어넣었다.

수익률을 계산해 보자. 호스텔 객실 한 호당 객단가를 6만 원으로 잡았을 때, 일일 만실 시 190만 원이 나온다. 통상 공실률은 20%로 잡고

객실 구성

인원	객실타입	객실수	매트리스	수량
1 people	dormitory	6bed	970*2000	6
2 people (19/25)	single 2 bed	6	싱글 1000*2000	12
	double 1 bed	12	퀸 1500*2000	12
	스위트	1	킹 1600*2000	1
3 people (41/123)	single 3 bed	8	메모리폼 970*2000	8
			싱글 1000*2000	16
	double 1 bed + single 1 bed	10	메모리폼 970*2000	10
			퀸 1500*2000	10
합계		38		75

이를 계산하면, 일간 152만 원, 월간 약 1억 원, 연간 5억 5,480만 원의 매출로 웬만한 소기업 연간 매출 규모와 견주어도 무리가 안될 금액이며, 인건비와 전기세, 수도세, 가스비 등 유지 관리비와 판매수수료 등을 감안하더라도 매월 3,000만 원, 매년 3억 6,000만 원 이상의 수익을 기대할 수 있다.

수익 분석

년간 수익 분석	객실료 4만 원	객실료 6만 원	객실료 7만 원		비고
room Avaliable(실)	13,870	13,870	13,870		38실
max revenue	554,800,000	693,500,000	970,900,000		연간
sold rooms	11,096	11,096	11,096		Occ 80%
A/D/R	40,000	50,000	70,000		
room Revenue (객실매출)	443,840,000	554,800,000	776,720,000		
F&B Total (부대시설수익)	2,219,200	2,774,000	3,883,600	0.5%	
Total Revenue	470,059,200	581,574,000	804,603,600		연간
Cost of sales (판매수수료)	88,768,000	110,960,000	155,344,000	20%	
Payroll & Related (급여 및 연관비용)	104,025,000	104,025,000	104,025,000	15%	최저인건비 기준 객실료 6만 원
Operating costs (운영비용)	53,260,800	66,576,000	93,206,400	12%	
Facility management costs (시설관리비용)	8,876,800	11,096,000	15,534,400	2%	
Total Expenses	254,930,600	292,657,000	7368,109,800		
위탁운영관리비	54,720,000	54,720,000	54,720,000		객실당 12만 원
GOP(영업이익)	160,408,600	234,197,000	381,773,800		연간
% of GOP (영업이익율)	34	40	47		GOP/T -Rev

모텔 밀집지에서 콘셉트 호텔로 차별화하라

다음은 용답동 꼬마호텔의 사례이다. 이 물건지는 서울특별시 성동구 용답동 68-2번지에 위치한 은산빌딩이다. 최근 몇 년 동안 성동구의 성수동은 용산구와 더불어 강남 3구의 거의 유일한 대항마로 평가받고 있는데, 명품 브랜드 매장과 잘 나가는 브랜드의 팝업 스토어가 강남 뺨치는 월세 금액으로 거래되고 있는 것을 보면, 이제는 강남급으로 봐야 하지 않을까도 싶다.

어찌 되었든 물건지가 위치한 용답동은 사실 오리지널 성동구라기에는 조금 애매모호한 구석도 없지 않다. 동대문구와도 꽤나 인접해 있기 때문이다. 그래도 서울 동쪽에서는 제법 핵심 지역이라고 할 수 있겠다.

건물이 위치한 답십리는 동대문으로부터 10리 정도 떨어진 거리에 있다고 하여 왕십리와 같은 의미로 명명이 되었다는 설이 있다. 청계천 하류로 들(논)이 넓어 답십리라고 하였다. 농본국가인 조선시대 국왕이 1년에 한 차례씩 농민들의 고통을 체험하고자 이곳에 이르러 논둑을 밟으며 모내기에 임하여서 답십리가 되었다는 설이 존재한다.

1980~90년대에는 성인 나이트, 스탠드바(Stand bar), 안마 시술소 등 퇴폐업소들이 성행하였다. 대로 뒤편으로는 모텔촌들이 자리하고 있었다. 그러나 2000년대 이후로 안마 시술소 등의 퇴폐업소는 대부분 철수가 이루어졌고, 현재는 서울재활용프라자, 고미술상가, 자동차 부품 상가 등 특화 거리로 대중들에게 건전하게 인식되고 있다. 한양대와 서울 시립대 등 명문 대학교가 그리 멀지 않은 거리에 위치해 있다는 점도 특징이다. 특히나 반경 4km 이내에 고려대, 카이스트, 경희대학교, 성신 여대, 삼육대 등도 인접해 있어 외국인 관광객 이외에도 외국 유학생들을 위한 공간으로, 그들의 가족과 서울 여행 시에 머무를 수 있는 가족과의 공간과, 대학생들을 고객으로 하여 즐길 수 있는 파티룸과 연회 시설 등으로 고객 유치를 활성화할 수 있다는 장점도 존재한다.

모텔 숙박업소 밀집지역을 분석해 보자

어찌 되었든 프로젝트에 본격적으로 들어가기에 앞서 언제나 그랬듯 입지 분석부터 철저하게 들어갔다. 용답동 은산호텔은 서울 지하철 5호선 답십리역에서 내리면 5번 출구로 직진하여 도보로 1분 밖에 걸리지 않는 거리에 있었다. 인천국제공항에서 올 경우에는 공항버스 6103번을 타고 군자교 입구 정류장에서 130번 버스로 환승하여 답십리역 사거리 정류장에서 하차한 후 도보로 3분이면 닿는 거리였다. 다시 말해 버

답십리역의 입지 분석

스 편과 지하철 편이 모두 용이한 곳에 자리하고 있었다.

서울 시내 주요 관광지로의 이동도 용이하였다. 명동까지는 지하철로 24분(8.2km)이, 동대문까지는 지하철로 27분(5.5km)이, 강남까지는 지하철로 33분(13.5km)이 소요되었다. 주요 관광지를 지하철로 30분 이내에 이동할 수 있는 위치로, 외국인 관광객들에게 편리한 교통편을 제공하였다.

해당 물건은 대지면적은 1,099.5㎡(332.6평), 건축면적은 490.89㎡(148.5평), 지하 1층, 지상 6층의 철근 콘크리트 구조로 이루어진 건물로, 지하 1층은 주차장 시설, 1, 2, 6층은 근린생활시설, 3~5층은 숙박시설로 이루어져 있었다.

건물 왼쪽으로는 5층의 치과, 헤어숍동의 상가가 위치해 있으며, 건물 오른편으로는 지하 3층, 지상 9층으로 된 도시형 생활주택과 근린생활

답십리역의 입지 분석

구분	위치	객실	숙박료	부대시설
경남 관광 호텔	동대문구 장안동	108실		커피숍, 칵테일라운지, 나이트클럽, 뷔페, 가라오케, 사우나, 볼링장, 연회장 등
전풍 관광 호텔	성동구 도선동	56실	85,000	일식당, 나이트 클럽, 가라오케, 바, 뷔페 등
씨티 팔레스 호텔	동대문구 답십리	63실	97,000	한양식당, 커피숍, 나이트클럽, 단란주점, 사우나, 미용실, 증기탕 등
베스트웨스턴 동대문	종로구 창신동	52실		한양식장, 커피숍, 가라오케, 연회장 등
베스트웨스턴비전	성동구 도선동	51실		
뉴부림 관광 호텔	동대문구 전농동	54실	68,000	레스토랑, 나이트 클럽, 커피숍, 연회장 등
비원 관광 호텔	종로구 원남동	81실	80,000	한양식당, 커피숍 등
서울 관광 호텔	종로구 청진동	102실	83,000	양식당, 커피숍, 사우나, 오락실 등
센추럴 관광 호텔	종로구 장사동	78실		커피숍, 나이트클럽, 사우나, 오락실, 스포츠 마사지 등

시설이 위치해 있다. 건물 앞쪽으로는 중앙에 버스전용차선이 위치해 있으며, 8차선으로 뻗어 있는 천호대로가 위치하여 대중 인지도와 교통 이용에 편리함을 주었다.

물건지 반경 1.5km 내에 있는 경쟁군 숙박업소를 분석하였다. 가장 가까운 거리에 삼호파크호텔(서울 동대문구, 54m)과 S호텔(서울 동대문구, 54m)이 위치해 있었다. 스카이호텔(서울 동대문구, 84m), 호텔아레(서울 동대문구, 420m)가 그 뒤를 이었다. 이밖에 호텔 노블레스(서울 동대문구, 1.37km), 장안동 관광호텔(서울 동대문구 730m), 엘호텔(서울 성동구, 730m) 등 숙박업소가 꽤나 많았다.

뉴욕의 유명 호텔을 벤치마킹해 콘셉트를 차별화한다

답십리 호텔은 미국 뉴욕에 위치한 에이스호텔 뉴욕과 더 딘 호텔 뉴욕을 콘셉트 타깃으로 삼았다. 이중 포트랜드 등에도 체인을 가지고 있는 에이스 호텔은 모던하면서도 빈티지한 스타일로 유명하다. 매일 투숙객들을 위한 무료 조식이 제공되고, 무엇보다 애완견도 동반할 수 있다는 것이 큰 메리트이다. 새로운 문화와 트렌드에 관심을 가진 이들을 대상으로 편안하고 여유로운 분위기를 지향하였다. 개발이 덜 된 지역에서 출발해 그 지역 사회를 기반으로 호텔을 만들어 가며, 또한 그들을 알아보고 찾아오는 고객과 함께 성장하기를 원하기에 각 지점에 그 지역

에이스 호텔의 컨셉

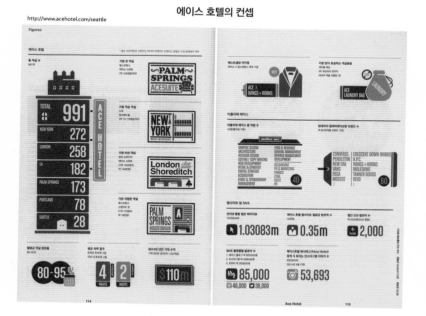

에이스 호텔의 컨셉

의 감성을 담아 개성을 강화한 것이 특장점이었다. 그리하여 종국에는 A point of convergence for Local collaboration, 즉 '지역의 협업이 모여 하나의 집합점을 이룬다'라는 가치를 이뤄내는 것을 지향하였다. 답십리와 장한평 라인으로 이어져 있는 자동차공구상가처럼, 이 프로젝트의 성공으로 다른 숙박시설들과 지역 내 협업의 하나의 집합점을 이뤄낸다면, 답십리의 지위를 외국인 관광객들을 위한 또 다른 핫 플레이스로 격상시켜줄지도 모를 일이었다.

더 딘호텔 뉴욕은 2012년 Creative and Real−Estate Development Firm ASH NYC의 설립자 아리 헤크만과 그의 파트너 윌 쿠퍼에 의해 2년 동안의 대대적인 리노베이션을 거쳐 52개의 룸을 가진 감각적인 호텔로 재탄생하여 생긴 지역의 대표적 호텔이다. 이 건물의 모태는 1912

년 지어진 교회 건물로 사창가(Brothel House)에서 스트립쇼장을 거쳐 현재의 더 딘호텔 뉴욕으로 탈바꿈하였다. 호텔에 머무르는 동안 선과 악, 순결과 타락, 블랙과 화이트의 대립과 반전 매력을 경험할 수 있다.

더 딘호텔 뉴욕에서 따온 것은 특히나 THE CLASSMATE이었다. 4명이 들어갈 수 있는 벙커 배드로 구성된 방으로 통째로 빌려도 89달러 수준에 불과하여 가성비 있는 객실을 찾는 젊은 여행객들의 수요가 있었다. 물론 고정된 요율이 아닌 까닭에 가격은 매일 변동된다. 유스호스텔에서 영감을 받은 이러한 방들은 한 도시에 단체로 오는 학생들에게는 장점이 아닐 수 없다. 프리미엄한 공간의 가치를 즐기길 원하는, 그러면서도 예산에 구애받는 젊은 학생들에게는 적격이다. 2층 침대가 밀집되게 놓여진 것 이외에 방 안의 모든 편의 시설은 다른 게스트룸과 동일하게 배치하였다. 각 객실에 같은 모습으로 들어있는 미니바(MINI BAR)는 본능과 지적 즐거움을 채워주기 위한 호텔의 작은 공간이다. 물 하나를 서비스하더라도 기존 유리병이 아닌 종이 팩에 담아 서비스하며 환경 보호와 디테일을 동시에 살렸다. 객실에 전화기가 없다는 점도 특징이다. 모든 사람들이 스마트폰이 있는 시대에 굳이 각 방마다 전화기를 놓을 이유가 없어서다. 호텔에서 가장 특색있고, 매력적인 공간으로 손꼽히는 장소는 바로 욕실이다. 욕실에 들어가자마자 프렌치 럭셔리의 아메리칸 클래식의 욕실과 마주치게 된다. 투숙객들은 이 호텔에 머무르는 동안 누구나 자기 인생을 진두지휘할 수 있는 최고가 될 수 있다는 느낌을 받게 된다.

콘셉트 도출 프로세스: 히스토리, 지역사회, 라이프 스타일, 베이직, 트렌디, 편안함

이러한 케이스 스터디를 백그라운드로 두고 용답동 꼬마호텔을 어떤 식으로 구현해 낼지를 고민한 결과 총 일곱 가지의 콘셉트를 도출할 수 있었다. 첫 번째, 히스토리가 있는 호텔을 만들어 내고 싶었다. 투숙객들이 한 번 머물다가 가고 마는 호텔이 아닌, 투숙객과 함께 역사를 쌓아나간다는 이미지를 심어주고 싶었다. 두 번째, 인근 지역 사람들과의 소통

	용답동은 어떤 호텔인가		
1	히스토리가 있는 호텔	2	인근 지역사람들과의 소통이 이루어지는 공간
3	주타깃을 위한 라이프스타일 호텔	4	베이스에 충실한 호텔
5	엔터테인먼트한 호텔	6	다시 찾고싶은 트렌디한 호텔
7	격식있는 호텔이 아닌 편안하고 실용적인 호텔		

이 이루어지는 공간을 의도하였다. 세 번째, 주 타깃을 위한 라이프 스타일 호텔을 지향하였다. 네 번째, 호텔숙박 기본 베이스에 충실한 호텔이었으면 하였다. 다섯 번째, 투숙객이 즐거운 엔터테인먼트한 호텔을 지향하였다. 여섯 번째, 그래서 결국 다시 찾고 싶은 트렌디한 호텔을 목표로 하였다. 마지막으로 격식 있는 호텔이 아닌, 마음이 편안해지면서 실용적인 호텔이었으면 하는 바람으로 일곱 가지 콘셉트를 도출해 내었다.

위처럼 구호에만 그친 것이 아니고 각 항목마다 소분류로 다양한 실행 플랜들을 마련하였는데, 예를 들어 히스토리가 있는 호텔을 만들기 위한 세 가지 하위 카테고리로 3대가 운영하는 호텔, 모텔에서 호텔로의 건축물의 진화 히스토리, 지역적 색깔이 담겨 있는 공간이라는 중분류를 도출하였다. 실제로 해당 건물은 3대가 운영하는 호텔이었는데, 할아버지가 세웠고 아버지가 개발하였으며, 어머니가 금속 공예를 하고, 요리사인 딸이 호텔 레스토랑 셰프로 근무하였다. 두 번째 항목의 경우에는 시대의 패러다임과 트렌드에 따라 모텔에서 호텔로의 진화가 불가피하였으며, 이러한 진화는 새로운 문화를 수용하면서 이루어지게끔 하였다. 디자인 측면에서는 기존의 역사와 흔적을 표현하게끔 반영하고자 하였다. 지역적 색깔을 담겨 있는 공간 항목에서는 고미술/골동품상가, 자동차 부품 상가, 서울 재활용 플라자, 성수동 수제화 거리, 동대문 의류 상가, 촬영소 사거리 등의 느낌을 담고자 하였다. 이밖에 다른 여섯 개의 카테고리들도 위처럼 명확하고도 뾰족한 하위 콘셉트를 가지고 프로젝트를 기획하였다.

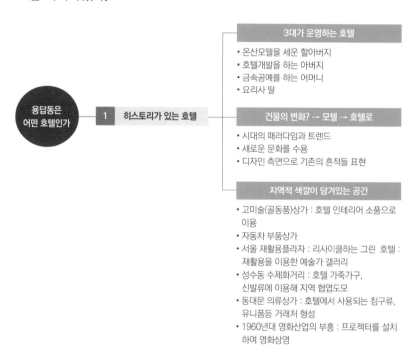

용답동은 어떤 호텔인가

1 히스토리가 있는 호텔

3대가 운영하는 호텔
- 온산모텔을 세운 할아버지
- 호텔개발을 하는 아버지
- 금속공예를 하는 어머니
- 요리사 딸

건물의 변화? → 모텔 → 호텔로
- 시대의 패러다임과 트렌드
- 새로운 문화를 수용
- 디자인 측면으로 기존의 흔적들 표현

지역적 색깔이 담겨있는 공간
- 고미술(골동품)상가 : 호텔 인테리어 소품으로 이용
- 자동차 부품상가
- 서울 재활용플라자 : 리사이클하는 그린 호텔 : 재활용을 이용한 예술가 갤러리
- 성수동 수제화거리 : 호텔 가죽가구, 신발류에 이용해 지역 협업도모
- 동대문 의류상가 : 호텔에서 사용되는 침구류, 유니폼등 거래처 형성
- 1960년대 영화산업의 부흥 : 프로젝터를 설치하여 영화상영

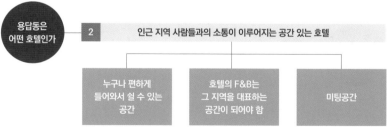

용답동은 어떤 호텔인가

2 인근 지역 사람들과의 소통이 이루어지는 공간 있는 호텔

| 누구나 편하게 들어와서 쉴 수 있는 공간 | 호텔의 F&B는 그 지역을 대표하는 공간이 되어야 함 | 미팅공간 |

용답동은 어떤 호텔인가 ③ 주타깃을 위한 라이프스타일 호텔

여행객
- 해외 패키지 관광객
- 한국 방문 경험이 있는 배낭여행객
- 한국 대학에 다니는 유학생과 가족
- 내국인

비즈니스를 위한 해외/지방 방문객
- 성동구 자동차부품 수출업체
- 성동구 중고차매매 수출업체
- 외국계회사

가족행사를 할 수 있는 장소
- 아기의 첫 생일을 기념할 수 있는 공간
- 조부모님의 60주년 생신파티
- 오랜 세월동안 같이해온 동반자를 위한 결혼기념일 파티
- 우리 아들 딸들의 생일파티

모임을 위한 파티장소
- 뛰어난 조망과 넓은 공간
- 사진찍기 좋은 공간
- 이벤트 적인 요소
- 간단한 조리가 가능한 공간 필요

문화를 즐기는 대학생들
- 과 단합파티
- 춤과 노래를 즐기는 가라오케 문화
- 스승의날 등의 교수님들을 위한 파티
- 스팩을 위한 스터디 그룹문화
- 친한 친구들끼리 삼삼오오 이벤트 파티

회식장소

용답동은 어떤 호텔인가 ④ 베이스에 충실한 호텔

청결한 호텔
- 깨끗한 공용공간

보안이 잘되어있는 호텔
- 개인금고
- 체크아웃 후 캐리어보관 시스템

프라이버시가 지켜지는 호텔
- 1인 샤워실
- 방음

가성비가 좋은 호텔

조식

F&B

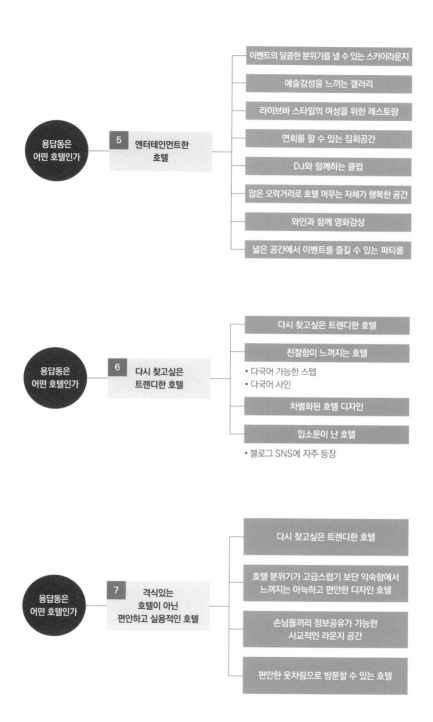

용답동은 어떤 호텔인가

5 엔터테인먼트한 호텔
- 이벤트의 달콤한 분위기를 낼 수 있는 스카이라운지
- 예술감성을 느끼는 갤러리
- 라이브바 스타일의 여성을 위한 레스토랑
- 연회를 할 수 있는 집회공간
- DJ와 함께하는 클럽
- 많은 오락거리로 호텔 머무는 자체가 행복한 공간
- 와인과 함께 영화감상
- 넓은 공간에서 이벤트를 즐길 수 있는 파티룸

용답동은 어떤 호텔인가

6 다시 찾고싶은 트렌디한 호텔
- 다시 찾고싶은 트렌디한 호텔
- 친절함이 느껴지는 호텔
  - 다국어 가능한 스텝
  - 다국어 사인
- 차별화된 호텔 디자인
- 입소문이 난 호텔
  - 블로그 SNS에 자주 등장

용답동은 어떤 호텔인가

7 격식있는 호텔이 아닌 편안하고 실용적인 호텔
- 다시 찾고싶은 트렌디한 호텔
- 호텔 분위기가 고급스럽기 보단 익숙함에서 느껴지는 아늑하고 편안한 디자인 호텔
- 손님들끼리 정보공유가 가능한 사교적인 라운지 공간
- 편안한 옷차림으로 방문할 수 있는 호텔

답십리 꼬마호텔은 원주인이 40년 동안 보유한 물건이라 매수 시점의 매입 금액이 사실상 의미가 없다. 그렇기 때문에 정확한 수익률을 집계하기는 어렵다.

2021년 매도 시 50억 원 정도의 매도 수익을 올린 것으로 기억한다. 현재는 기축을 허물고 역세권 청년주택으로 신축 중에 있다. 자본 수익을 얻고 적정 시점에 엑시트한 좋은 사례라고 볼 수 있다.

제주 호스텔코리아

일반 호텔과 여관을 임대해서
리모델링하자

한정된 금액으로도 발 빠른 투자와 회수가 가능하다

지방 투자 중에서는 제주특별자치도의 사례가 대표적이다. 제주특별
자치도에서는 제주시의 두 곳에서 일반 호텔과 여관을 임대해 리모델링
한 것. 그리고 다른 하나는 서귀포시 남원읍 태흥리의 주택이다. 제주시
의 사례의 첫 번째는 칠성통과 탑동이 위치한 전통 구도심(제주특별자치도

구도심에서 돋보이는 유니크한 외관의 호스텔코리아 제주

제주도를 연상시키는 인테리어와 스타크래프트 밴

제주시 탑동로 17, 삼도2동, 호스텔코리아)이었다.

제주도는 관광 수요가 꾸준한 대한민국 최고의 관광지 중 하나인데, 외국인 관광객들을 위한 저렴한 가격의 특화 숙박시설은 수요 대비하여 부족한 것이 흠이었다. 특히나 제주시 중에서도 신제주는 제주도 최대 번화가이자 유흥가라 숙박 시설이 미어터질 만큼 많지만, 구제주는 그마저도 아니었다. 구제주 중에서도 필자가 투자한 물건은 공동화 현상 때문에 인구가 지속적으로 빠져나가고 슬럼화되는 중앙로 부근에 위치하여 필자가 임대하기 전, 8년간 휴점 상태였던 물건이었다. 그래도 이 지역은 인근에 관덕정과 삼성혈이 위치해 있는 등 구제주에 들렀을 때 반드시 한 번쯤은 가볼 만한 곳으로 관광객들에게 인지가 되어 있다. 제주 국제공항에서 10분, 제주항에서 3분 거리에 위치하고 호스텔과 해변까지의 거리는 도보로 1분 정도 소요되는 가까운 거리임에도 늦은 밤 해변가의 취객들로 인한 소음은 들리지 않아 숙박시설이 위치할 최적의 장소였다.

호스텔코리아 제주는 이국적인 제주의 이미지에 걸맞게 인테리어도 이국적으로 시행하였다. 건물 외관은 외국인 백패커(배낭여행객)와 제주 특유의 파도 형상을 일러스트로 그려 트렌디한 벽화 느낌을 물씬 냈다. 실내의 룸 내부는 제주 하면 떠오르는 귤의 컬러에서 따온 주황색, 그리고 제주의 푸른 하늘을 연상시키는 하늘색으로 칠하였다.

여관을 임대하여 유니크한 외관과 내부 디자인으로 리모델링

투숙객 중 3인 이상이 예약하면 스타크래프트 밴으로 제주국제공항까지 예약객들을 모시러 무료 픽업을 나갔는데, 고객들의 반응은 폭발적이었다. 스타크래프트 밴은 중고로 2,000만 원에 매입하고 고객 응대용으로 몇 년 사용한 뒤 1,200만 원에 매도하였으니, 저렴한 가격에 사용 가치를 최대한으로 활용한 셈이다.

이 물건은 수익을 실현한 물건이다. 당시 제주도가 중국인들에게 인기를 끌어 수요가 충분했고, 특히 저가 항공을 이용해 들어오는 동남아시아 관광객이 머물만한 저렴하면서 감각 있는 숙박시설로 각광받았기 때문이다. 그런데 필자가 운영과 임대를 종료한 이후는 마땅히 수익을 내지 못해 다른 용도로 변경하였다는 이야기를 들었다.

제주시의 두 번째 사례는 관덕로15길, 동문 시장에 위치한 호스텔코리아 제주 2호점이다. 당시 운영 중이던 '옥림장'이라는 50년 된 여관을 임대하여 초록빛 외관으로 페인트 칠을 하고 건물 사이즈의 커다란 나무를 그려 넣어 관광객들의 이목을 끌었다.

제주 1호점과 달리 이 물건은 비좁은 골목 안에 있어 외국인들이 찾아오기 힘든 위치였다. 이러한 단점을 보완하고 기존 건물의 특색을 살리고자 베란다의 식물을 그대로 살리고 외관 전체에 큰 나무 한 그루를 심은 결과였다.

건물 리모델링은 한정된 금액으로 최소한의 금액으로 리모델링 했는데, 옥상까지 6층 건물임에도 엘리베이터가 없었다. 대수선 인허가를 통해서 골조를 커팅하고 엘리베이터를 신규로 설치하였으며, 지하에 고객들의 조식과 저녁에 커뮤니티를 형성할 수 있는 공간을 인테리어하였다.

각 객실은 가장 필요한 화장실과 샤워실 리모델링과 도배, 등기구 교체로 고객들에게 가장 필요한 필수요건은 교체하면서도 최소한의 비용으로 리모델링을 마무리하였다.

눈에서 멀어지면 마음도 멀어진다

성공하는 사례만 있는 것은 아니다. 실패를 통해 더 많은 것을 느끼고 배우게 된다. 실패 역시도 훌륭한 공부가 된다. 단, 시행착오를 줄여 실패의 범위를 감당할 수 있는 수준으로 만든다면, 실패를 하더라도 타격감은 생각만큼 크지 않을 것이다.

최대한 가까운 곳에서... 눈에서 멀어지면 관리가 힘들다

'눈에서 멀어지면 마음에서도 멀어진다'라고 했다. 꼬마호텔도 마찬가지다. 매물이 눈에서 멀면 일단 관리가 힘들다는 게 가장 큰 단점이다. 필자는 제주특별자치도 서귀포시 남원읍에 펜션을 하나 운영한 적이 있는데, 그곳은 필자의 거주지인 강남 반포에서 김포공항으로 가서 비행기를 타고 제주국제공항에 도착해서도 한 시간 가량을 더 이동해 야 하는 곳이다. 요즘은 이런저런 교통편이 잘 발달되어 있어 옛날보다는 이런 식의 투자가 수월하다고는 하더라도, 환승 횟수도 많을뿐더러 편도로 가는 것만으로도 체력적 부담이 상당히 크다. 이렇게 이동해서 관리가 힘든 매물이라면, 현지에 믿음직한 관리인을 두어야 하는데, 그런 직원을 찾기도 쉽지는 않았다.

그래서 처음에는 차로 한 시간 안쪽으로 닿을 수 있는 매물을 염두에 두라고 조언을 하고 싶다. 차로 한 시간이라면 서울 및 수도권에는 기본적인 이동 시간이다. 지방이라면 한 도시 안에서는 어떤 곳이든 웬만해서는 닿을 수 있는 거리다. 물론 한 시간이 아니고 30분 정도로 이동이 가능하다면 금상첨화이겠다. 그렇지만 생각보다 반경 한 시간 안쪽에서 매물을 찾는다는 게 쉽지가 않다. 일단 꼬마호텔을 할 만한 매물들로 찾아봐야 할 것이고, 향후 매각 계획도 고려해야 한다. 그러면 요모조모 따져봐야 할 요소들이 늘어날 것이다.

그렇지만 투자 물건의 거리가 멀다면 여러모로 관리가 힘든 것도 사실이므로, 가급적이면 가까운 위치의 물건으로 관심을 좁혀 보자. 지방이나 먼 거리 물건들은 그렇게 노하우가 쌓인 다음 관심을 기울여도 늦지않다. 지방에 거주하는 독자들이라면 서울 및 수도권의 독자들과 반대로 접근하면 될 일이다.

앞에서 언급하였듯, 자기 집 근처부터 실행해 본다면 생각보다 큰 부담이 없을 것이다. 필자 주변의 많은 에이비앤비어들이 직접 해보고 그런 이야기들을 해준다. 자그마한 에어비앤비를 운영하면서도 변수들이 생각보다 많이 발생한다는 것이다. 예를 들어 손님이 찾아 오면 때로는 직접 가보기도 해야 하고, 응대를 해야 한다. 아무리 멀어도 대중교통이나 자차로 한 시간 내에 닿을 수 있는 거리 내에 있는 물건으로 운영을 해보길 추천한다. 서울을 기준으로 삼았을 때 위성도시 중에서는 부천이나 인천 등은 은근히 교통편이 좋지 못하기 때문에 추천하지 않는다. 오히려 팍팍한 도심을 벗어나 한적함과 여유를 만끽할 수 있는 강화도나, 경기도 양평, 김포 골드라인의 개통으로 서울 접근성이 수월해진 김포 지역을 추천한다(실제 외국인의 입장에서 지하철이나 차량으로 이동해 보면 인천 지역보다 김포가 접근성이 더 좋다.).

숙박입지 뿐만 아니라 관리입지도 생각하자

서귀포시 태흥리 물건은 솔직히 고백하자면, 관리의 어려움 때문에 성공하였다고 보기는 힘들다. 단순히 입지와 주변 상황으로 보자면 숙소의 입지 여건으로 최고의 장소이다. 올레길 바로 앞에 위치하고 창문을 열면 바로 바다가 보이는 해변 바로 앞의 펜션이었다. 하지만 소규모 객실로 인해 수익률이 저하됐는데(개인이 관리하기엔 충분하지만, 직원을 두고 운영하기에는 수익률이 나오지 않았다) 그래도 실패까지는 아니었고, 이때 얻은 시행착오가 추후 사업을 시행하는 데 크나큰 배움과 깨달음과 교훈이 되었다. 결국 어떠한 경험이든 피가 되고 살이 된다.

서귀포시 태흥리 물건의 실패 사례를 통하여 다시 한 번 입지의 중요성을 깨달았다. 서귀포시 태흥리는 제주도에서도 외진 곳에 위치해 있

서귀포 태흥리 펜션과 전경

다. 관광객들이 몰리는 주말의 경우에는 심심치 않게 객실이 들어찼지만, 그렇지 않은 평일의 경우에는 공실이 많았다. 서귀포시 태흥리 숙소를 운영하면서, 제아무리 관광도시여도 도심권이 아니면 한계가 뚜렷함을 체감하게 되었다.

숙박업은 주말도 주말이지만, 나머지 일요일, 월요일, 화요일, 수요일, 이 4일을 어떻게 채우느냐에 따라 수익률이 크게 달라진다. 목요일, 금요일, 토요일은 숙박업계에서는 통상 피크로 인식한다.

어찌 되었든 다시 서귀포시 태흥리 숙소로 넘어오자면, 서울에서 거주하면서 운영하기에는 상당한 무리가 따랐다. 그리고 제주시에 위치한 호스텔 코리아 제주 1, 2호점과도 동떨어져 있었다. 그렇다고 두 개의 주택, 방 일곱 개로 소규모로 운영하기 위해 정직원을 고용하기에는 부담이 적지 않았다. 객실 하나당 5만 원으로 잡고, 만실 시 하루에 35만 원의 객단가가 산출되었다. 여기에 30일을 곱하면, 1,000만 원이 조금 넘는 매출이 나오는데, 임대료나 관리비, 인건비 등 차와 포를 떼면 남는 것이 별로 없었다. 그래서 현지에 거주하는 개인, 혹은 나이가 들어 슬로라이프(Slow life)를 꿈꾸는 은퇴족들이 운영하기에는 적합하지만, 사람을 고용하여 운영하기에는 다소 무리가 따랐다.

어느 곳이든 입지는 상대적이다. 우리 같은 꼬마호텔 또는 게스트하우스 운영자들은 '2030 배낭 여행객'이 메인 타깃(main target)이다. 그런데 2030 배낭 여행객의 주머니는 대단히 가벼울 수밖에 없다. 주머니 사정이 여의치가 않다. 그래서 차량을 렌트해서 여행하기보다는 대중교통을 주로 이용한다. 렌트를 하더라도 국제면허증이나 타국에서 통용되는 운전면허증을 활용하여 차량을 이용하는 정도이다. 이런 2030 배낭 여행객을 타깃으로 한다면 교통의 편리성과 입지의 가치는 더욱 중요해진다. 버스나 지하철 등 대중교통이 닿는 곳이어야 하기 때문이다. 자녀를 동반한 가족 단위의 여행객들은 상대적으로 입지 측면에서 자유롭다. 이들은 자녀가 있고 짐이 많기 때문에 대중교통을 이용하려고 하여도 이용할 수 없기 때문이다. 자차를 가지고 이동하는데, 이러한 경우에는 입지가 갖는 디메리트가 상쇄된다는 점을 참고하여야 할 것이다.

엑시트 타이밍에 실패하면 안된다

체크인 호텔은 성공과 실패를 굳이 논하자면, 후자의 사례에 가깝다. 지인들과 함께 제주도 호텔에 지분 참여 형태로 참여했지만, 적절한 시기에 엑시트하지 못하여 차익 실현에 실패하였기 때문이다(이 물건은 2015년에 매입해서 2024년 현재도 보유 중이다.).

체크인 호텔의 사연을 이야기해 보자면, 필자의 지인 여덟 명이 경매를 받아 공동 투자한 물건이다. 제주도에서 구도심의 노른자인 탑동에 위치한 물건이었다. 탑동은 제주국제공항과 차량으로 10분 안팎의 가까운 거리에 있다. 따라서 입지는 신제주 정도를 제외한다면 더할 나위 없는 상급에 해당하였다.

체크인 호텔은 경매로 낙찰받았는데, 경락 자금 대출을 활용하여 매가의 90퍼센트를 대출받았다. 참고로 그 당시 물건의 매입가는 30억 원이었다. 실투자금은 3억 원이었고, 나머지 90퍼센트에 해당하는 27억 원은 은행 대출로 충당하였다. 개개인마다 투자 액수는 다르지만, 실투자금 3억 원을 구좌 18개로 쪼개고, 그 지분을 여덟 명이 나누어 가졌기 때문에 세 개를 가진 투자자도 있었고, 그것보다 적게 가진 투자자도 있었다. 어찌 되었든, 1인당 투자금은 대략 3,500만 원 정도로 쳐보자. 이 정도 금액이면 일반인 입장에서도 충분히 도전해 볼 수 있는 금액이라고 생각한다.

체크인 호텔의 스펙 세부 사항은 우선 객실은 총 50개로, 객실당 객단가를 5만 원으로 잡고 만실을 시키면 하루 250만 원, 거기에 한 달, 즉

30일을 곱하면 총 기본 매출액로는 7,500만 원이 예상되었다. 그 당시에는 운영 초창기부터 계속 임대로 돌려 만실 목표를 달성하였고 꽤나 짭짤한 수익까지 창출하였다. 그렇지만 매도 차익까지 볼 수 있는 타이밍에 엑시트를 하지 못하여 아쉬움도 남는 물건이다.

이러한 점에서 체크인 호텔 같은 공동 투자의 경우에는 단점이 명확하다. 공동 투자는 개개인이 가진 지분이 작더라도 의사 결정권이 균등하게 돌아간다. 그렇기 때문에 대주주인지 소액주주인지는 그다지 중요하지 않으며, 공동 지분권자들의 세부 조항들을 잘 집어넣어야 한다. 참고로 공공 투자 시 양도세는 지분별로 나눠서 내면 되는 데, 이 부분은 장점이 될 수 있다.

체크인 호텔의 사례는 엑시트를 적절한 타이밍에 하지 못해서 그렇지, 사실 완전한 실패 사례라고 보기도 어렵다. 지금까지도 계륵인 느낌은 없지 않지만 그래도 비교적 잘 운영하고 있기 때문이다. 다만 2019년도 정도에 매각을 하였더라면 꽤나 짭짤한 시세 차익을 얻었을 것이다. 당시 체크인 호텔의 예상 매도가가 80억 원 정도였는데, 이 타이밍을 놓쳐

버리니 중국인 투자자의 이탈 러시와 코로나19 등 예상하지도 못한 하락 변수가 잇달아 몰려오고 말았다. 역시 '부동산은 타이밍'이라는 말이 틀리지 않은 것 같다.

계약은 신중하게 알아보고 진행한다

서울 지하철 2호선 신촌역 근처의 물건은 피눈물이 났던 사례다. 신촌 현대백화점 부근에서 제이(J) 게스트하우스라는 곳을 운영하였는데, 임대차 계약을 잘못하였던 까닭에 정상적인 영업이 힘들었고 나중에는 건물이 경매로 들어가서 골머리를 앓았던 물건이다. 처음에는 사업 인허가

호스텔코리아 오리지널의 내·외부 이미지

서울시 서대문구
창천동 57-23

2호선 신촌역 2번출구

2호선 신촌역 1번출구

가 나는 곳인 줄 알았는데, 용도가 주택이 아니고 오피스텔이라 수월하게 진행되지 않았다. 참고로 근린생활에서 관광 및 일반 숙박업의 허가를 받는 것이 여간 힘든 게 아니다. 문제는 이뿐만이 아니었다. 문제 하나를 해결하면, 다른 하나가 불거져 나왔다. 예를 들어 복도 폭의 문제로 말미암아 인허가가 나오지 않거나, 어떻게 하여 해당 사안을 해결하더라도 소방과 건축법의 문제 등등이 터져 나왔다. 해당 물건의 객실 숫자만 보고 임대해서 수익이 막연하게 날 수 있다는 가정하에 진행했던 것이 오히려 발목을 잡고 말았다.

　신촌 제이 게스트하우스는 건물주와 소송까지 들어가는 바람에 중간에 손해를 보고 마무리했다. 경매가 진행되고 건물주도 원하는 만큼 돈을 받지 못할 것 같으니 다른 사람에게 건물을 매도하였다.

3장

성공적인
꼬마호텔
투자 전략

무조건 성공하는 꼬마호텔 투자 공식이 있다

첫 번째는 역시나 입지다. 두 번째와 세 번째 역시도 입지다. 이외에는 또 무엇이 있을까? 성공 요인 중 하나는 바로 디자인이다. 디자인이 유니크해야 살아남는다. 물론 정확한 타깃 분석으로 고객 포지셔닝에도 신경써야 한다.

손품 먼저 팔고 발품 팔자

꼬마호텔 투자에는 나름의 공식은 있다. 이 장에서는 꼬마호텔 투자의 기본적 공식을 배워보겠다. 보통 부동산 쪽에서 쓰이는 단어로 '임장한 다'고 하면 부동산을 사려고 할 때 직접 해당 지역에 가서 탐방하는 것을 말하며, 방문 전에 주변 시세나 인프라, 교통, 편의시설, 학군, 지역 커뮤 니티 분위기 등을 유선이나 온라인으로 조사하는 일명 '손품'과는 대비 되는 개념이다. 임장은 직접 생활할 집을 구하는 쪽보다도 투자 목적으 로 다니는 것을 주로 지칭하며 해당 지역 공인중개사의 도움을 받는 경 우도 있다.

그런데 요즘에는 무조건 발품부터 파는 것이 능사는 아니다. 손품을 팔기에 좋은 환경적 인프라가 갖춰진 세상이기 때문이다. 그래서 요새는 실제 임장을 가기 전에 '온라인 임장'이라는 것을 많이 하는 추세다. 그 만큼 관련 애플리케이션도 잘 발달되어 있다.

현장 임장 전 손품부터 시작하라

대한민국에서 가장 대중적인 부동산 플랫폼은 역시 네이버 부동산이다. 부동산 시세나 정보가 궁금하면 대부분은 네이버 부동산을 이용한다. 그만큼 기능이 다양하고, 사용자가 많다. 아파트 매물과 가격은 기본적으로 확인 가능한데, 무엇보다 사람들이 네이버 부동산을 가장 많이 보는 이유는 매물이 얼마나 되는지, 현 시세 가격 같은 궁금함을 해소해 주기 때문이지 않을까 싶다. 또 거리뷰와 지적도로 그 지역의 상황을 알아보기 쉽다는 장점도 존재한다. 아파트뿐만이 아니라 분양권이나 오피스텔, 빌라, 주택, 상가 등 다양한 정보가 있다.

다음은 국토교통부 실거래가다. 국토교통부 실거래가는 아파트, 연립, 빌라, 다가구 주택의 실거래가 조회 서비스 및 지역별, 금액별, 면적별 통합 검색을 할 수 있는 사이트다.

서울 부동산 정보 광장은 서울에 있는 부동산 정보를 얻을 수 있는 사이트로 서울시에서 운영하고 있다. 하단 '부동산 종합정보'에 들어가면 토지, 임야정보, 건축물정보, 토지이용계획, 개별공시지가, 주택공시가격, 실거래가 위치 정보까지 말 그대로 종합적으로 정보를 얻을 수 있다. 그리고 현재 거래되고 있는 매물의 거래 내역 등의 정보도 확인이 가능하다.

밸류맵은 아파트보다는 상가, 주택 위주로 부동산의 시장 흐름을 보여주는 토지건물 정보 빅데이터 사이트다. 아파트 시세 파악은 여러 사이트를 통해서 가능한데 다가구나 단독주택은 시세 파악이 쉽지 않다. 그

럴 때 밸류맵을 이용하면 어느 정도 도움을 받을 수 있다. 즉, 밸류맵은 토지와 빌딩, 상가 그리고 경매 투자에 아주 유용한 앱이다. 메인 화면에 지역별 매물분포와 상세 내역을 확인할 수 있고 실거래, 경매, 매물, 등 용도에 맞는 건물들을 살펴볼 수 있다. 구체적으로 원하는 건물을 지정하면 준공 시점에서부터 현재에 이르기까지의 이력과 필요 자료가 나와 있다. 실거래 상황과 건축인허가 사항, 건물의 사용승인일, 경과년수, 주 구조 등 참고할 사항들을 체크하기 좋다.

다음은 코시스(https://kosis.kr)다. 코시스는 통계청 기반으로 하는 통계 사이트다. 부동산 투자를 염두에 두는 경우에는 그 도시의 인구수를 분석하는 것도 빠뜨리지 말아야 할 부분이다. 어떤 도시에 인구가 많다는 것은 그 도시가 경쟁력이 있다는 의미다. 인구수가 많다면 왜 많은지도 알아보고 생각하고 있는 지역의 세대수, 총인구수, 세대당 인구수 등을 알아보는 데 도움이 되는 사이트라고 보면 된다.

e−지방지표에서 지역별 통계목록으로 들어가면 원하는 지역의 인구수와 전출입 인구수 등을 알 수 있다. 주제별로 들어가면 인구, 가족, 교육, 소득과 소비, 주거와 교통, 문화와 여가, 성장과 안정 인구와 관련된 정보도 얻을 수 있다. 테마별로 들어가면 일자리 상황과 삶의 질, 저출산/고령화 비율을 알 수 있다.

다음은 부동산 플래닛(www.bdsplanet.com)이다. 슬로건 그대로 부동산의 모든 것을 담았다. 전국 모든 토지, 건물(빌딩), 아파트, 연립/빌라, 주택, 상가, 사무실 실거래가와 매물정보를 한번에 파악할 수 있다. 또한 건축물의 노후도와 재개발 가능성을 파악할 수 있다. 부동산플래닛에 접

임장 전 '손품의 도구들'

사이트	URL
네이버 부동산	new.land.naver.com
다음 지도	map.kakao.com
디스코	www.disco.re
밸류맵	www.valueupmap.com
야놀자	www.yanolja.com
서울 부동산 정보 광장	land.seoul.go.kr:444/land
코시스	kosis.kr
부동산 플래닛	www.bdsplanet.com

속해서 [실거래가 조회 메뉴〉탐색〉노후도 검색]하면 노후도를 살펴볼 수 있다. 건물색이 붉은색일수록 노후화되었다는 의미이고 파란색에 가까울수록 신축건물이다. 다시 말해 붉은색이 많다면 개발하기 좋은 곳이다. 무료버전이 있고 유료버전이 있는데, 범위를 더 넓게 자세히 보고자 한다면 유료회원이 좋겠지만 무료회원도 노후도를 알아보는 데는 부족함이 없다.

위 모든 것들은 일명 손품으로 인터넷에서 부동산에 대한 정보를 알아보는 방법이다. 요즘은 인터넷의 발달로 앉아서 많은 정보를 얻을 수 있다. 그렇지만 현장으로 직접 가서 발품 임장으로 서로 비교해 보면서 확인하는 과정을 꼭 거쳐야 한다는 점을 잊지 말아야 할 것이다.

여기서 팁 하나. 부동산을 볼 때는 다음 다섯 가지를 기억해야 한다.

- 교통(직주근접, 공항버스, 지하철 접근성 등)
- 학군(학교와 학원가)

- 수요/공급

- 상권

- 환경(생활 편리 시설)

이러한 정보들은 직접 임장을 가서 확인하는 것이 최고다. 다만 현장에 가기 전에 손품을 팔아서 여러 사이트와 앱을 활용해 정보를 최대한 많이 얻는 것도 중요하다.

발이 바빠야 좋은 매물을 잡는다

'급매물 잡으려면 발이 바빠야 한다'라는 부동산계 격언이 있다. 이는 진리에 가까운 말이다. 특히나 저가에 급매물로 꼬마빌딩(이 대목에서는 꼬마호텔로 만들기 위한 전 단계를 꼬마빌딩으로 상정하고 접근해 보겠다)을 잡으려면 목표가를 정해 두고 발품을 많이 팔아야 한다. 물론 시장 상황에 따라 달라지겠지만, 사람들이 급하게 처분하는 건물은 대개 시세보다 5~10% 싸기 마련이다. 그런데 이러한 매물들은 가만히 있으면 절대 발 앞으로 뚝 떨어지지 않는다. 평상시 부동산중개사와 돈독히 관계를 쌓고, 동분서주해야 좋은 매물을 저렴한 가격에 잡을 수 있다. 그래서 팁을 드리자면, 관심 가는 지역 중개사무소 몇 곳을 정해 매수 의사를 전달할 뿐만 아니라, 바쁜 와중에도 틈날 때마다 연락하고 찾아가 보는 것이 좋다. 단, 여기서도 주의 사항은 있다. 중개업소마다 너무 많이 다니면, 매수 문의가 갑자기 많아지고 건물주인은 매수자가 많다고 생각해서 가격을 높이거나 파는 것을 철회하기도 한다. 그렇기 때문에 목표 업소를 신중히 정하는 것이 더없이 중요하다.

통상적으로 중소형 건물은 갑작스레 오른 몸값으로 인해 급매 공급이 귀한 것으로 알려져 있다. 그렇지만 사실 어느 곳을 가던 값싼 매물은 꾸준하게 나오기 마련이다. 의외로 매물을 자주, 그리고 많이 보다 보면, 현실과 달리 시세보다 저렴한 매물이 눈에 띈다. 시간 날 때마다 (매년 100개 이상의) 매물을 보고 다각도로 분석 및 공부한다는 마음으로 찾아보면 급매물 찾기란 생각보다 어렵지 않다. A급 상권 안에 위치한 중소형 빌딩은 주변 시세와 비교해 지나치게 비싼 매물이 많다. 그렇지만 B~C급 이하 매물 중에는 막상 팔고 싶어도 새로운 주인을 물색하기 어려운 종목이 꼬마빌딩이다. 어느 정도냐면, 매수 의지만 있다면 매매가는 충분히 조정 가능한 수준이다(아파트가 좋은 이유는, 내가 팔고 싶을 때 언제든지 팔 수 있다는 점—환금성이 좋다. 이런 이유로 꼬마빌딩을 활용하거나 리모델링, 재건축으로 재탄생시키면 훌륭한 수익률을 얻을 수 있다.).

무엇보다 가장 손쉽게 저렴한 매물을 잡기 위한 팁 하나. 바로 대출이 많은 급매물을 찾아내는 것이다. 통상 꼬마빌딩 소유주들의 재정 상태는 좋은 편이다. 그러다 보니, 대개 등기부상 근저당 설정이 적은 경우가 많다. 그러나 빚 잔치용 매물도 심심치 않게 발견되고는 한다. 그래서 매물을 소개받으면 제일 먼저 등기사항증명서를 열람, 근저당·가압류 등 하자 조건이 어떻게 설정되었는지 살펴 보는 것이 기본이다. 만약 가압류와 압류 등이 설정돼 있거나, 건물 가격 대비 60% 이상 근저당이 설정되어 있다면 급매물일 가능성이 대단히 높다.

만에 하나 등기부상 근저당 등 하자 설정이 없더라도 건물 소유주가 나이가 많거나 건강상의 문제, 또는 자녀 상속·증여와 관련이 있다면 저가에 급하게 매물로 내놓을 공산이 커진다. 특히나 부도심 이면도로 상가건물의 경우 공실이 늘어나는 상태라면 급하게 처분하려는 매물이 상당수다. 상가건물은 주택과 달리 경기의 영향을 많이 탄다. 이 때문에 상권 내 점포 공실이 증가하는 시기에 급매물 공급량도 따라 늘어난다. 여기에 더해 건물의 경과 연수가 오래되거나, 주택보다 상가 비율이 높은 건물은 양도·보유세, 관리에 따른 비용이 많다. 그러므로 급매물 의뢰가 많은 것이다.

꼬마호텔을 발굴하기 전에 생각할 것

그렇다면 서울 및 수도권에서 수익성 있는 꼬마호텔을 어떻게 발굴할 수 있을까? 첫 번째는 역시나 입지이다. 이는 아파트 등 거주 상품을 볼 때와도 비슷한 이치인데, 여행객과 투숙객들을 대상으로 하는 숙박상품인 꼬마호텔이야말로 접근성이 더 중요하다. 해외에서 오는 여행객들은 대부분 지하철 등 철도나 공항버스 등을 통해 꼬마호텔을 방문하게 된다. 그렇다면 답이 나온다. 지하철 역세권이면 최상이고, 인천국제공항에서 올 수 있는, 다시 말해 공항버스가 닿을 수 있는 곳에서 멀지 않아야 한다는 결론이 나온다. 백문이 불여일견으로, 공항버스 노선도를 살펴 보면 이해가 더욱 빠를 것이다.

두 번째는 첫 번째와도 연결되는 부분인데, 입지 중에서도 황금 입지가 어디가 되겠느냐는 점이다. 특히나 타국에서 찾는 여행객의 경우에는 서울 및 수도권에 온다면 어디를 주로 찾겠는가. 크게 구분하면 싸이의 강남스타일로 유명한 강남과 전통의 구도심 강북이겠다. 이중 강남은 사실 번화가를 제외하면 서울의 맛과 멋을 느낄 수 있는 곳이 별로 없다. 서울이라는 현대적 도심의 느낌과 분위기를 느껴볼 수 있는 정도랄까?

필자는 서울의 참맛은 강북에서 제대로 느낄 수 있다고 생각한다. 필자의 꼬마호텔이 위치한 종로구 익선동이 대표적이다. 익선동은 수년 전부터 특색 있는 가게들이 많이 생겨나면서 개성과 유행에 민감한 MZ세대들이 찾는 대표적 명소로 발돋움했다. 전통 가옥에 특색 있는 아이템과 취향을 저격하는 카페 등 맛집들이 즐비해 서울의 매력을 제대로 느낄 수 있다.

어디 익선동 뿐이랴. 강북에는 홍대 입구, 연리단길, 해방촌, 경리단길, 성수동, 문래창작촌, 서촌길 등이 존재한다. 여기에 광화문, 숭례문, 경복궁 등 전통의 고궁들은 거의 강북에만 있다. 동묘, 돈화문 등 전통 유적, 광장시장, 황학동 풍물시장, 신당동 문구 거리 등 전통 마켓에서 의외의 아이템을 발견하는 재미도 쏠쏠하다. 강남에도 가로수길, 샤로수길 등이 있지만, 강북의 매력에는 비할 바가 아니다.

강북 중에서도 특히나 필자의 물건이 위치한 종로구는 대한민국의 중심인 서울에서도 가장 중심인 곳이다. 종로구를 빼놓고서는 서울을 언급할 수 없다. 종로구 반경 수 킬로미터 안에는 서울을 대표하는 고궁들

최근 mz세대의 핫플레이스로 각광받는 해방촌 신흥시장과 한복 입은 관광객들

이 위치해 있다. 요새는 서울을 찾는 외국인 관광객들은 고궁을 둘러만
보고 끝내지 않는다. 고궁 가까운 한복샵에 직접 가서 형형색색 예쁜 한
복들을 렌탈하고 인스타그램에 올릴 단체 사진을 찍기 위해 한복 투어
를 펼친다. 최근 한복을 입은 외국인 관광객 무리들을 흔하게 볼 수 있는
이유도 바로 이 때문이다. 참고로 필자는 꼬마호텔 외에도 의류 렌탈샵
도 같이 운영하고 있는데, 최근 수 년 동안의 외국인 관광객의 서울 여행
트렌드가 '관람형'에서 '체험형'으로 전환한 트렌드를 읽어낸 까닭이다.
한복샵에 대해서는 추후 언급할 기회가 있을 때 따로 떼어내서 말씀 드
릴 수 있을 정도로 수익성이 괜찮다.

　여기까지는 이론에 가까웠다면, 실제 체감을 통하여 꼬마호텔의 좋은
입지를 탐색하는 팁을 알려 드리겠다. 가장 실행하기 쉬운 방법은, 임장

자가 외국인 관광객이 되어 보는 것이다. 외국인 관광객의 입장에서 꼬마호텔까지 가보면서 지하철역 또는 버스 정류장까지의 거리는 어떻게 되는지, 숙박업소까지 가는 데 불편한 점은 없는지, 만약에 있다면 어떤 점인지, 주변에 끼니를 해결할 식당들은 얼마나 있는지 등을 메모해 보는 것이다.

현장 탐사 후에 인접 거리의 숙박업소에서 직접 숙박을 해보는 것도 나쁘지 않다. 숙박을 해본다면, 눈이나 머리로는 알지 못하였던 불편함도 체감할 수 있기 때문이다. 1~2박 정도의 숙박료를 아깝다고 생각하지 말자. 훗날 꼬마호텔이 직접 투자하면서 발생할 시행착오와 매몰 비용을 생각한다면, 오히려 철저하게 그 지역에 녹아들 수 있는 숙박비를 아까워해서는 안 될 일이다. 이처럼 현장 탐사와 숙박을 겸한다면, 더 효과적이고 입체적인 임장을 할 수 있다. 여기서 한 가지 주의 사항은 메모 형태로라도 임장 보고서를 꼭 남겨 보라는 것이다. 독자 여러분들이 편리하게 복사해서 사용할 수 있도록, 이 책 끝부분에 부록으로 샘플 임장 보고서를 수록해 놓았으니, 임장을 나갈 때마다 활용해 보는 것을 적극 권장한다.

용도지역을 살피자

용도지역이란

　지방도 마찬가지겠지만, 서울 및 수도권의 꼬마호텔 입지를 분석할 때 가장 중요한 요소 중 하나가 용도지역을 살피는 것이다.

　우선 용도지역이라는 표현이 생소한 이들을 위해 개념부터 알아보자. 용도지역은 토지의 이용 및 건축물의 용도, 건폐율, 용적률, 높이 등을 제한함으로써 토지를 경제적, 효율적으로 이용하고 공공복리의 증진을 도모하기 위하여 서로 중복되지 않게 도시, 군 관리 계획으로 결정하는 지역을 말한다. 대한민국의 도시, 군 계획의 근간을 이루는 용도지역제 (Zoning)는 도시, 군 계획의 중요한 법적 집행수단의 하나로, 시가지 개발을 효율적인 방향으로 유도하기 위해서 주택, 상업 시설, 공장, 학교 등 용도에 따라 토지이용을 규제 및 관리하는 토지이용계획의 대표적인 법적 실행 수단이다.

　요새는 용도지구의 지정 여부는 확인이 어렵지 않다. 인터넷 접속을 통하여 쉽게 확인할 수 있다. 국토교통부 토지이용 규제정보서비스

(http://luris.molit.go.kr/web/index.jsp)를 통해 확인하거나, 해당 시/군/구청 또는 민원 24(http://www.minwon.go.kr)에서 토지이용계획확인원 등본을 발급받아 확인 가능하다.

용도 지역의 종류

용도지역				건폐율(%)	용적율(%)
1. 도시지역	주거지역	전용주거	제1종 전용	50	50~100
			제2종 전용	50	100~150
		일반주거	제1종 일반	60	100~200
			제2종 일반	60	150~250
			제3종 일반	50	200~300
		준주거지역		70	200~500
	상업지역	중심상업지역		90	400~1,500
		일반상업지역도시지역		80	300~1,300
		근린상업지역		70	200~900
		유통상업지역		80	200~1,100
	공업지역	전용공업지역		70	150~300
		일반공업지역		70	200~350
		준공업지역		70	200~400
	녹지지역	보전녹지지역		20	50~80
		생산녹지지역		20	50~100
		자연녹지지역		20	50~100
2. 관리지역	보전관리지역			20	50~80
	생산관리지역			20	50~80
	계획관리지역			40	50~100
3. 농림지역				20	50~80
4. 자연환경보전지역				20	50~80

이러한 용도지역은 도시지역, 관리지역, 농림지역, 자연환경보전지역으로 구분이 된다. 다시 도시지역은 주거지역, 상업지역, 공업지역, 녹지지역으로 구분된다. 이에 대해서는 아래와 같이 표로 한 번에 정리를 해보았다.

이 표에서 알아야 할 내용은 대부분의 빌딩 건물들이 주거 상업 지역에 자리하고 있다는 점이다. 상업지역이 주거지역보다는 당연히 땅값이 비쌀 수밖에 없다. 용적률을 더 높이 올릴 수 있어 땅의 활용도를 높일 수 있기 때문이다.

위 표를 보면 개별 지역별로 건폐율과 용적율을 알 수 있다. 대지는 지역마다 건폐율과 용적률이 저마다 다르다. 여기서 건폐율은 대지에서 건축할 수 있는 면적을 이야기한다. 용적율은 건물을 올릴 수 있는 법적인 허용치를 일컫는다. 다음 내용을 통하여 대지면적, 건축면적, 연면적, 건폐율, 용적률의 개념과 실제 사례를 알아보자.

면적이란

건폐율, 용적률을 알기 위해선 먼저 면적에 대한 이해가 필요하다. 대지 면적은 땅의 수평 투영 면적을 이야기한다. 부동산에서는 해당 건축물을 지을 수 있도록 허가한 땅의 크기라고 할 수 있다. 쉽게 이야기해서 하늘에서 바로 내려다본 면적이라고 이해하면 쉽다. 다만 이때 건축선과 도로 사이의 면적이나 도시 계획 시설 면적은 대지 면적에서 제외된다.

건축면적은 건축물 외벽의 중심선으로 둘러싸인 부분의 수평 투영 면적을 의미한다. 즉, 지어질 건물을 하늘에서 내려다봤을 때 가장 넓은 바닥 면적이 건축 면적이다. 대개 가장 넓은 층인 1층 바닥 면적이 이에 해당한다. 연면적은 대지에 들어선 건축물 내부의 모든 바닥 면적을 합한 크기이다. 예를 들어서 300m^2라면 연면적은 $300 \times 3 = 900\text{m}^2$이 된다.

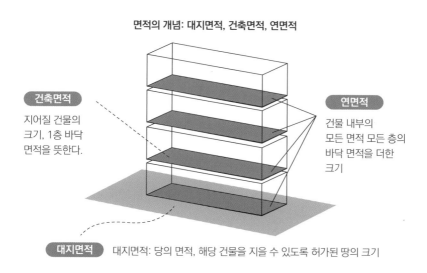

면적의 개념: 대지면적, 건축면적, 연면적

건축면적
지어질 건물의 크기, 1층 바닥 면적을 뜻한다.

연면적
건물 내부의 모든 면적 모든 층의 바닥 면적을 더한 크기

대지면적 대지면적: 당의 면적, 해당 건물을 지을 수 있도록 허가된 땅의 크기

건폐율과 용적률

면적의 개념에 대해 알아보았으니 다음은 건폐율을 이해해야 한다. 건폐율의 기본 개념은 다음과 같다.

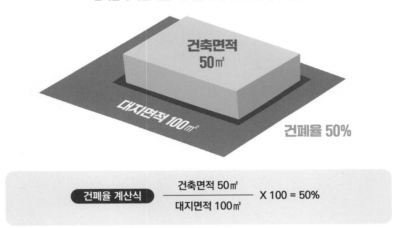

건폐율의 기본 개념: 대지면적 대비 건축면적의 비율

건폐율 계산식 $\dfrac{건축면적\ 50㎡}{대지면적\ 100㎡} \times 100 = 50\%$

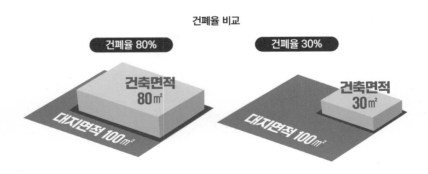

건폐율 비교

도시지역의 경우 50~70%, 관리지역은 20~40% 정도로 건폐율이 제한된다. 건폐율 제한이 있는 이유는 지면에 공터를 남겨 쾌적한 환경을 조성하거나 비상시에 대비하기 위함이다.

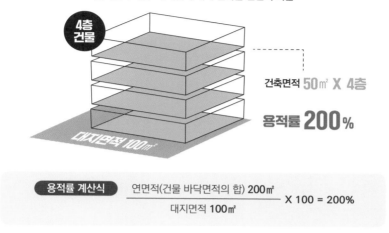

용적률의 개념: 대지면적 대비 건축물 연면적 비율

4층 건물

건축면적 50㎡ X 4층

용적률 200%

대지면적 100㎡

용적률 계산식

$$\frac{\text{연면적(건물 바닥면적의 합) }200㎡}{\text{대지면적 }100㎡} \times 100 = 200\%$$

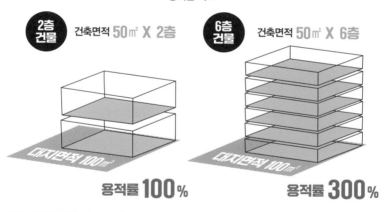

용적률 비교

2층 건물 건축면적 50㎡ X 2층

6층 건물 건축면적 50㎡ X 6층

대지면적 100㎡

대지면적 100㎡

용적률 100%

용적률 300%

용적률은 쉽게 말해 건물을 얼마나 높게 올릴 수 있는가를 정하는 비율이다.

건폐율은 '건물을 얼마나 넓게 지을 수 있을까'에 관한 개념, 즉 '건축의 밀도'를 나타내는 지표이다. 즉, 대지면적에 비해 건물이 차지하는 면적이 얼마나 되는지 나타내는 비율이다. 예를 들어 대지면적이 100㎡

인데 건축면적이 50㎡이라면 건폐율은 50%이다.

이 건폐율은 어떻게 알 수 있으며 어떻게 정해지는 것일까? 이는 정부에서 '국토의 계획 및 이용에 관한 법률' 제 36조에 따라서 용도 지역별로 최대 한도를 제한하고 있다. 각 건축물마다 대지에 여유 공간을 남겨서 도시의 과밀화를 억제하고, 일조, 채광, 통풍 등을 원활하게 해서 쾌적한 생활환경을 조성하기 위해서이다.

다음은 용적률에 대해서 알아 보겠다. 용적률은 '건물을 얼마나 높게 지을 수 있을까?'에 관한 개념으로, 대지 면적 대비 건축물의 연면적 비율을 이야기한다. 건물을 짓도록 허가된 대지 면적, 즉 땅의 면적에 비하여 건물을 얼마나 높게 지을 수 있는가를 의미하는데, 건폐율 × 건물 층수로 계산하면 보다 수월하게 계산할 수 있다. 예를 들어, 100㎡ 1개층 바닥 면적이 50㎡인 4층 건물의 경우 건폐율 50%에 4를 곱한 200%가 용적률이다.

용적률은 건폐율과 마찬가지로 교통, 일조권, 환경 등을 쾌적하기 위해서 제한을 받는다. 이러한 이유로 말미암아 용도 지역마다 다르고, 용적률이 높으면 그 대지에서 더 높은 건물을 지을 수 있다. 즉, 용적률이 높은 부동산이 그만큼 높은 가치를 지니고 있다고 볼 수 있겠다. 단, 지하층과 주차장으로 쓰이는 지상층은 연면적 제한을 받지 않기 때문에, 이 점은 유념해야 한다.

이 용적률과 건폐율은 정부에서 '국토의 계획 및 이용에 관한 법률'의 용도지역에 따라 달라진다고 앞부분에서 설명하였다. 제한이 없이 100㎡ 대지에 100㎡를 가득 채워서 지을 수 있게 허가해 준다면, 모든 사람들은 최대한 넓게 지으려고 할 것이다. 그리고 그러다 보면, 건물과 건물이 서로 맞닿아 버리게 될 수가 있다. 일조권이나 통풍 등을 확보하고 비상시를 위한 대피로 확보를 위해 건축 가능한 면적을 제한해 용도 지역에 따라 건폐율, 용적률을 규정하고 있는 이유이다.

용도지역 세부분류

용도지역 세부분류

구 분			내 용
도시 지역	주거지역	전용주거 - 제1종전용	단독주택 중심의 양호한 주거환경을 보호
		전용주거 - 제2종전용	공동주택 중심의 양호한 주거환경을 보호
		일반주거 - 제1종일반	저층주택을 중심으로 편리한 주거환경 조성
		일반주거 - 제2종일반	중층주택을 중심으로 편리한 주거환경 조성
		일반주거 - 제3종일반	중고층주택을 중심으로 편리한 주거환경 조성
		준주거지역	주거기능을 위주로 이를 지원하는 일부 상업기능 및 업무기능을 보완
	상업지역	중심상업지역	도심/부도심의 상업기능 및 업무기능의 확충
		일반상업지역	일반적인 상업기능 및 업무기능
		근린상업지역	근린지역에서 일용품 및 서비스의 공급
		유통상업지역	도시내 및 지역간 유통기능의 증진
	공업지역	전용공업지역	주로 중화학공업, 공해성 공업 등을 수용
		일반공업지역	환경을 저해하지 아니하는 공업의 배치
		준공업지역	경공업 그밖의 공업을 수용하되, 주거기능/ 상업기능및 업무기능의 보완

용도지역의 용적률과 건폐율

용도지역			건폐율	용적률	
도시 지역	주거지역	전용 주거지역 제1종 전용주거지역	50% 이하	50% 이상	100% 이하
		제2종 전용주거지역	50% 이하	50% 이상	150% 이하
		일반 주거지역 제1종 일반주거지역	60% 이하	100% 이상	200% 이하
		제2종 일반주거지역	60% 이하	100% 이상	250% 이하
		제3종 일반주거지역	50% 이하	100% 이상	300% 이하
		준주거지역	70% 이하	200% 이상	500% 이하
	상업지역	중심상업지역	90% 이하	200% 이상	1500% 이하
		일반상업지역	80% 이하	200% 이상	1300% 이하
		유통상업지역	80% 이하	200% 이상	1100% 이하
	상업지역	근린상업지역	70% 이하	200% 이상	900% 이하
	공업지역	전용공업지역	70% 이하	150% 이상	300% 이하
		일반공업지역	70% 이하	150% 이상	350% 이하
		준공업지역	70% 이하	150% 이상	400% 이하
	녹지지역	보전녹지지역	20% 이하	50% 이상	80% 이하
		생산녹지지역	20% 이하	50% 이상	100% 이하
		자연녹지지역	20% 이하	50% 이상	100% 이하
관리 지역	보전관리지역		20% 이하	50% 이상	80% 이하
	생산관리지역		20% 이하	50% 이상	80% 이하
	계획관리지역 (다만 성장관리방안을 수립한 지역의 경우 해당 조례로 125% 이내에서 완화가능)		40% 이하	50% 이상	100% 이하
농림지역			20% 이하	50% 이상	80% 이하

대지의 용도별로 용도지구와 용도 구역이라는 개념이 있기 때문에, 각각의 특성대로 용적률을 허용하지 않을 수도 있다. 참고로 언급하자면, 지구단위계획구역에 묶여 있는 빌딩 건물은 단독으로는 신축이 되지 않을 수도 있다.

자치법규정보시스템과 토지이음 사이트

크게 도시지역, 관리지역, 농림지역, 자연환경보전지역으로 나뉘는데, 그 안에서도 세부적으로 나뉘어진다. 어느 지역에 속하느냐에 따라 대지의 가치가 달라진다고 할 수 있겠다. 자세한 내용은 앞의 표를 참고해 보자.

이러한 용도구역은 관할구역의 면적과 인구 규모, 용도지역의 특성을 고려해서 특별시, 광역시, 특별자치시, 특별자치도, 시 또는 군의 조례에 따라 다를 수가 있다. 지자체별 상한은 '토지이용규제 서비스' 중 '토지이용계획확인서', 그리고 '자치법규정보시스템'에서 확인할 수 있다.

용도 지역은 매수 후 개발과 매도까지 고려한다면 더없이 중요한 고려 요인이 아닐 수 없다. 용도지역을 보는 방법은 네이버 부동산에서 지적편집도를 클릭하면 지목별로 여러 색상들이 뜨게 되는데, 빨간색이 상업지구로 가장 좋다.

꼬마호텔 입지 전략의
기본 원칙

부동산은 곧 입지라고 한다. 호텔업 역시도 마찬가지이다. 호텔을 성공적으로 개발하기 위한 최우선 요건은 바로 입지이다. 그래서 호텔업을 두고 부동산업이자 입지 산업이라고 부르는 것이다. 호텔의 입지를 잘 선정한다면, 70~80퍼센트 이상은 성공한 것이나 다름이 없다는 이야기도 있다. 세계 최고의 호텔 체인들인 힐튼, 메리어트, 하얏트 등도 호텔업의 가장 큰 성공 조건은 첫째도 입지, 둘째도 입지, 셋째도 입지라고 강조한다.

꼬마호텔 역시도 마찬가지다. 호텔은 현금 흐름 창출 목적이 크지만, 시세 차익 역시도 가져가면 더욱 금상첨화이기에 입지를 반드시 따져봐야 한다. 물론 후자의 목적보다 전자의 목적을 달성하기 위한 경우에도 입지가 최우선적으로 고려해야 함은 물론이다. 여행객들을 대상으로 하기 때문에 입지가 고려될 수밖에 없다. 호텔 디벨로퍼 관점에서 보더라도 호텔 개발의 본질 중 하나는 바로 입지이며, 이 때문에 도보로 관광지 지역에 5~10분 이내에 닿을 수 있는 거리의 입지를 선정하는 것이 중요하다. 호텔 개발은 부동산업의 특성까지 가지고 있기 때문에, 훌륭한 입지를 정하는 것이 본질이라는 이야기이다.

　다만 이 입지에 대해서는 전문가들도 오해를 하는 경우가 적지가 않다. 예를 들어 직접 만나 본 한 호텔 디벨로퍼는 지하철의 접근성을 강조하는 오피스텔의 입지와 도보를 통하여 목적지에 도달할 수 있어야 하는 호텔 입지의 성격을 헷갈려 하였다. 해당 경우의 사례는 심심치 않게 보인다.

　쉽게 설명하자면 서울 을지로가 자동차로 10분 거리이고 지하철로 세 개 역 거리라는 접근성은 오피스텔의 관점에서는 더할 나위 없이 좋은 입지 여건이라고 생각할 수도 있다. 그러나 호텔의 관점에서는 그다지 의미가 없는 경우가 많다.

　호텔이 폭이 넓은 대로변에 있으면 투숙객이 찾기가 수월하다. 기업 처지에서도 홍보 효과가 있어서 나쁘지 않다. 그렇지만 아무래도 메인 도심과는 지가가 상당히 비싼 까닭에 막대한 투자비가 들어갈 수밖에 없다. 이러한 이유 때문에 비즈니스 호텔은 휘황찬란한 큰 도로변보다 몇 블록 들어간 곳, 다시 말하여 지가가 싼 곳을 좋은 지역으로 본다. 해당 입지는 관광지나 비즈니스 구역으로부터 도보로 이동할 수 있은 훌륭한 입지라고 볼 수 있겠다.

　그런데 호텔이 갖는 이미지 때문에 그런지는 몰라도, 호텔은 큰 도로변에 있어야 하는 것이 아니냐고 여기는 사람들이 생각보다 많다. 필자의 경험상 이러한 인식은 요즘과 같은 시대에는 좀 착오적인 것이 아닐까 하는 생각이 든다. 필자는 대로변 안쪽의 이면도로에 여러 호텔들을 운영해 보았다. 호텔의 입지 조건은 대로변 기준에 따르면 좋다고 보기는 힘들었다. 아니 좋지 못하였다. 그런데 스마트폰과 ICT의 발달에 따라 요즘 손님들은 어떻게 알고 숙소를 잘만 찾아온다. 온라인 예약 사이트에서 방을 예약할 때부터 '대로변에 인접하여야 한다'라는 입지 조건까지는 잘 따지지 않는 듯하다. 숙소 위치는 스마트하지 않더라도, 스마트폰으로 무장한 요즘 MZ 투숙객들은 아주 스마트하게 숙소를 찾아온다. 이러한 이유들 때문에 호텔은 무조건 대로변에서 보여야 하며, 찾기도 쉬워야 한다라는 기존의 호텔업계 고정관념이 전적으로 맞지만은 않다는 것이다.

부동산의 또 다른 특징에 주목할 필요가 있다. 바로 부동성과 부증성이다. 부동성은 부동산이라는 단어에서도 알 수 있듯, 부동산이 다른 자산과는 달리 움직일 수가 없다는 의미이다. 부증성은 부동산의 자연적 특성 중 하나로서, 생산비나 노동을 투입하여 토지의 물리적 양을 임의로 증가시킬 수 없는 특성을 말한다. 부증성은 부동산 문제의 가장 근본적인 원인이다.

두 가지 요소 중 부증성에 기인한 특정 토지의 희소성은 공간 수요의 입지경쟁을 유발시킨다. 이는 다시 지가 상승의 문제를 발생시키기도 한다. 이에 따라서 토지 이용의 사회성과 공공성, 그리고 토지 공개념의 도입 및 확대가 요구되기도 하나, 자본주의적 관점에서 살펴보면, 이러한 부증성으로 말미암아 부동산이 계속 우상향 그래프로 가게 되는 것이다. 꼬마호텔 투자도 이 점에 유념하여 시행한다면, 성과가 조금 더디더라도 조급함에 시달리지 않고 안정적으로 꾸준히 유지해 나갈 수가 있다.

아파트처럼 역세권에 투자하라

　서울 도심지의 역세권을 주목해 보자. 더블 역세권 등 환승역이 많을수록 좋다

　아파트 투자는 역세권에 해놓으면 아파트 가격이 크게 떨어질 일이 없다. 요세는 학세권(학군이 좋은 곳), 병세권(병원이 가까운 곳), 하다 못해 스세권(스타벅스가 있는 곳)까지 나오지만, 역세권 아파트가 가져다주는 편리함은 이루 말할 수 없으며 상술된 것들에 비할 바가 아니기 때문이다. 물론 역세권이라고 다 같은 위력이 있는 것은 아니다. 역세권이라고 해서 다 같은 역세권은 아니기 때문이다.

황금노선인 서울 지하철 2호선

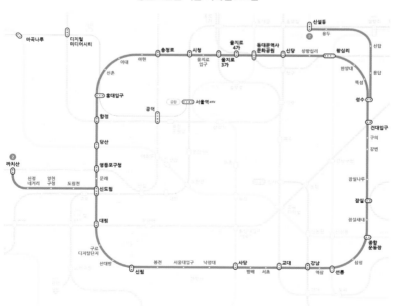

서울 역세권으로 치면 가장 황금 노선은 유동 인구가 제일 많은 서울 지하철 2호선이다. 2022년 한국철도공사와 서울교통공사에 따르면 전국 도시철도 승하차 인원 순위 조사에서 서울 지하철 2호선이 최상단을 차지하였다. 연간 약 8억 9,400만 명 정도가 서울 지하철 2호선을 이용하였다. 2위가 서울 지하철 1호선(약 7억 9,700만 명)이었고, 서울 지하철 4호선(4억 6,600만 명)-서울 지하철 7호선(4억 4,600만 명)-서울 지하철 5호선(4억 1,400만 명)이 각각 그 뒤를 이었다.

지방 노선 중에서는 부산 지하철 1호선이 2억 7,800만 명으로 가장 많은 인원이 이용하였다. 전체 순위로는 7위였다. 부산 지하철 2호선이

지방 노선 중 최다 유동인구를 자랑하는 부산 지하철 1호선

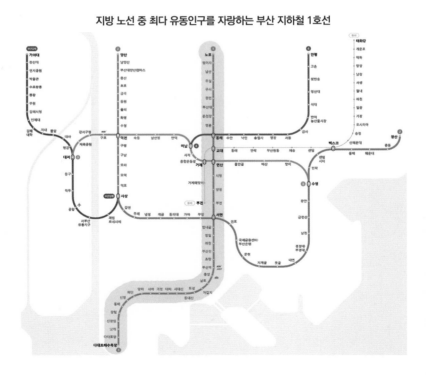

2억 1,000만 명으로, 지방 기준 2위, 전체 기준 10위를 차지하였다.

이 통계가 시사하는 것은 서울 지하철은 2호선이 가장 노른자 노선이고, 나머지 노선들도 대다수가 상위권에 들어가기에 지방 노선과는 비교를 불허하는 파괴력을 갖고 있다는 이야기이다. 지방으로 갈수록 지하철 역세권이 주는 의미는 미미해짐을 알 수 있다. 지방의 경우에는 단일 역세권으로는 크게 파괴력이 없으니, 더블 역세권 위주로 봐야 할 것인데, 지방의 더블 역세권이라고 하면 전국구로 알려진 곳이므로 대지 등 부동산 가격이 비싼 부분은 감안을 해야 할 것이다.

꼬마호텔 역시도 입지적인 관점에서 아파트와 같은 접근법이 필요하다. 꼬마호텔에서 중요한 부분은 바로 두 가지다. 하나는 지하철역, 그리고 다른 하나는 공항버스 정류소이다. 두 가지 모두 갖춰져 있으면 더할 나위 없는 입지라는 증거이다. 특히나 공항버스 정류소 같은 경우에는 지하철역보다는 압도적으로 그 숫자가 적은데, 외국인 관광객들이 대한민국의 관문인 인천국제공항에서 승차하여 단 한 번의 환승도 없이 하차할 수 있는 곳, 그리고 그 중에서 지하철역까지 겹친다면 그야말로 최적의 입지이겠다.

꼬마호텔 역세권 투자는 리스크를 줄이면서 실행한 부분은 크지 않은 합리적이고 효율적인 투자라고 볼 수 있겠다. 우선은 직주근접(직장과 주거가 바로 연결되는 형태의 입지)이 중요하고, 그렇다고 하더라도 요즘은 개인화 추세에 따라 콘셉트가 약하면 도태되는 세상이다. 그래서 필자는 여러분이 게스트하우스를 운영하더라도 예를 들어 하숙집을 현대적으로 재해석해 아침마다 어머니가 차려주는 집밥이 조식으로 제공

된다거나 하는 가정적인 느낌을 상당 부분 가미한다거나, 치안에 민감한 여성들을 위한 전용 콘셉트 등의 아이디어를 실행해 보라고 추천하고 싶다. 이런 디테일한 부분들만이라도 세심하게 신경 써서 가미하면, 나름의 큰 경쟁력으로 작용할 수 있다.

참고로 이름조차 올드한 하숙집 같은 경우에는 예전에는 알릴 수단이 온라인 카페나 학교 게시판 등이 전부였지만, 요즘은 SNS나 유튜브 등 홍보에 활용할 수 있는 매체 수단이 너무나도 많다. 그래서 세컨 하우스 개념으로 '논뷰(논이 보이는 세컨 하우스)' 등도 콘텐츠가 되는 것이다. 이 대목에서 "논 앞인데 무슨 수요가 있느냐"라고 반문할 수 있겠지만, 논이 의외로 바람이 불면 '사사삭' 거리는 대나무 소리가 근사하게 들린다. 그리고 논 특유의 눈 앞에 쫙 펼쳐져 있는 해방감은 그 어떠한 경치와 풍경도 따라가기가 힘들다. 논뷰 카페가 뜨는 것도 바로 그러한 이유 때문이다.

다소 소규모에 해당하는 객실 5~10개 수준의 숙소는 스스로 신경만 잘 쓴다면 충분히 운영 가능하다. 본인이 스스로 신경을 잘 쓴다면 얼마든지 수익을 낼 수 있는 구조이다. 객실도 자기만의 스타일에 맞게 아기자기하게 꾸밀 수가 있다. 20개가 넘어가고 나서부터는 운영에 손이 많이 가는 부분이 있지만, 10개 이하의 수준은 언제든 하면 된다. 이것조차 부담이라면 3~5개 수준의 객실 운영부터 실행에 옮겨보라고 권하고 싶다.

이효리가 유명 예능 '효리네 민박'을 통하여 알린 제주도 애월읍 자택은 이효리 개인의 스타성도 작용하였겠지만, 액티비티(Activity)적인 요소가 가미되었기에 결국 jtbc에 초기 투자 금액의 '따따블'을 받고 팔고 나왔다. 이러한 대세 흐름처럼 숙박업 역시도 개인화 시대로, 각자의 콘셉트와 캐릭터에 맞게 운영할 수 있는 시대가 도래하였다. 에어비앤비를 하더라도 누구나 매일 조금씩 열심히 자기만의 객실을 알리고 홍보한다면 운영 수익을 올릴 수 있으며, 슈퍼 호스트(Super host)에 도전해 보는 것도 충분히 가능하다. 에어비앤비 수수료율이 조금 높은 편이기는 하지만, 관리 및 홍보만 꾸준히 잘 된다면, 노력하는 만큼의 수익을 창출할 수 있다는 것이 장점이다.

수요와 공급의
불균형을 파고 들자

관광객의 수요와 호텔 공급 차이를 공략한다.

앞에서도 수차례 강조하였듯, 향후 외국인 관광객들의 대한민국 방문 수요, 그리고 그에 따른 숙박 수요는 대단히 많아질 것이다. 그렇지만 공급은 아직까지 한참 따라가지 못하고 있다. 그래서 이 분야가 아직도 블루오션이다. 이처럼 향후 넘쳐날 숙박 수요를 꼬마호텔은 신속하면서도 효율적으로 맞출 수 있다. 공급에서 균형이 맞춰져야 한다.

2023년 기준으로 대한민국을 찾은 외국인 관광객은 약 1,000만 명이라고 한다. 작금의 상황이 이럴진 대도 이들을 수용할 객실이 부족한 실정이다. 쉽게 말해 외국인 관광객들은 몰려오는데, 이들을 수용할 숙박시설은 턱없이 부족하다는 이야기이다. 그러면 2024년은 어떻게 될까. 문광부에서 발표한 예상통계에 따르면 외국인 관광객 2,000만 명 시대가 열린다고 한다.

호텔을 하나 짓는 데는 통상 3년 이상 걸린다(100실 관광호텔 기준). 그만큼 물리적 건축 시간이 많이 걸린다. 이는 다시 말하여 호텔 같은 제대로 된 숙박 시설이 시장에 공급되기까지는 대단히 많은 시간과 인내심이 필요하다는 의미이다. 객실 규모로 2~300개 객실 호텔이 여러 개 들어와야 수요에 대응하여 공급의 역할을 해낼 수 있다. 그런데 대규모의 특급 호텔은 사업 계획을 승인받고 각종 인허가 후 건축부터 준공까지 실제적으로 고객이 객실을 사용하기까지 6~7년이 걸린다. 이 때문에 대규모 공급이 쉽지가 않다. 엄청난 자금이 들어간다.

그런데 꼬마호텔은 어떤가? 단기간에는 몇억, 많게는 몇십억만으로도 개인과 소규모기업들이 공급을 맞출 수 있다. 그래서 공급이 빠르다는 장점이 있다. 건축 가능한 토지만 확보되어 있다면 빠르면 6개월, 통상 1년 안에도 공급할 수 있다. 외국인 관광객 폭등에 따른 수요와 이에 대한 공급을 맞추기 수월하다는 이야기이다.

어떤 관광객의 수요에 초점을 맞출지 포지셔닝하는 중요성

다만 꼬마빌딩으로 수요를 맞추더라도, 고객 포지셔닝을 간과해서는 안 될 것이다. 다시 말하여 소비자의 니즈를 파악하여 고객이 원하는 타깃 시장을 정확히 정하여야 한다. 이는 곧 나의 꼬마호텔이 시장에서 어떻게 경쟁력을 확보할 것인가의 문제이다. 예를 들어 저가형 호텔로 인테리어하여 운영할 것인가와 객실 수는 적더라도 고가 전략의 럭셔리 꼬마 호텔로 개조하여 운영할 것인가 정도의 가닥은 나와 주어야 한다는 것이다. 아울러 레저와 비즈니스 고객 중 어떤 층에 초점을 둘 것인가도 고려하여야 한다.

만일 이러한 원칙을 간과한 채 계획하다 보면 주먹구구식 호텔밖에 되지 않는다. 이러한 호텔이 비참한 가격 경쟁에 내몰리게 됨은 불 보듯 뻔하다. 그렇기 때문에 호텔의 주 고객층 파악은 무엇보다 중요하다.

여기에는 해당 지역의 특성과 지역 간의 편차가 작용을 하겠지만, 대체적으로 관광객들 다수가 선호하는 지역에서는 젊은 감성과 감각을 가진 MZ세대 여행자들을 위한 맞춤형 콘셉트 호텔이 인기를 끌고 있다. 2014년 메리어트 인터내셔널 호텔 체인의 회장 빌 메리어트는 '뉴 밀레니얼 세대'라고 지칭되는 18세부터 33세까지의 인구층이 전체 사업의 60퍼센트를 차지할 것이며, 장년층은 밀려날 것이라고 이야기하였다.

우리나라에서는 MZ세대로 지칭되는 이들에 대한 트렌드와 수요를 읽어내고 이들의 입맛에 맞는 숙박 라인을 구성해 낼 때 미래의 꼬마호텔 역시도 성공을 거둘 수 있을 것이다.

위의 두 번째와 연관된 성공 요인 하나는 바로 디자인이다. 디자인이 유니크해야 살아남는다. 네이버나 다음카카오 등의 포털이나 모바일 여행 애플리케이션에서 관광명소 이름을 입력하고 검색 버튼을 누르면 기본적으로 수십 개의 호텔이 뜬다. 그런데 고객이 그것만을 검색하지는 않는다는 사실을 알아야 한다. 요즘의 고객들은 스마트하고 합리적이다. '가성비(가격 대비 품질)'를 넘어 '가심비(가격 대비 감동을 주는 재화나 서비스)', 그리고 이제는 '시성비(비용 대비 시간의 질)'까지 따지는 시대이다. 그래서 이들은 에어비앤비나 호텔닷컴을 통하여 러프하게 찾은 호텔과 유사한 물건들을 검색해 보고 블로그 등 마이크로 소셜 미디어를 통하여 투숙객이 직접 느낀 경험담 등을 찾아서 읽어본다. 이들에게는 단순히 가성비가 중요한 것이 아니라, 이들의 오감을 자극하고 사물 인터넷과 AI가 결합된 시스템이 가져다 주는 편리함, 나아가 이들의 눈과 귀와 입을 즐겁게 하는 엔터테인먼트적 요소까지 가미된 호텔을 찾아 나서는 것이다.

이러한 까닭에 세계에서 내로라 하는 호텔 체인들은 디자인 호텔과 네이버후드 호텔, 그리고 라이프 스타일 호텔 등을 너나 할 것 없이 런칭하고 있는 상황이다. 이러한 현상은 우리로서는 기회로 작용할 수밖에 없다. 아직까지도 우리나라에서 지어지는 호텔의 대다수가 소수의 타깃에 특성화하여 맞춘 콘셉트 호텔이 아닌, 관광객 전체를 수용하려는 틀에 박힌 천편일률적인 중고가 호텔이 주를 이루고 있기 때문이다.

마지막으로는 소프트웨어(Software)를 들 수 있겠다. 호텔업에서 이야기하는 소프트웨어는 호텔 완공 후에 고민해야 하는 문제가 아닌, 지어질 단계부터 생각해야 하는 카테고리이다. 호텔을 개발하기 전에 앞서 호텔 운영자와 스태프가 친절함과 특색을 갖춘 서비스를 제공하여야 하고, 투숙객들에게 재미와 편리함을 가져다 준다는 등 다른 호텔과 비교하여 차별화한 서비스를 내세우면서 그것을 적절하게 어필할 수 있도록 하는 방향성으로 호텔이 개발되어야 한다.

상기의 요소들이 고객의 수요에 맞춘 호텔 개발의 기본 가이드라인이다. 생각보다 이것들을 간과하는 사람들이 적지가 않다. 경쟁 업체의 호텔을 고객의 니즈보다 먼저 바라보아서는 안 되며, 운영 능력을 디자인

보다 먼저 보아서도 안 될 일이다. 여기서 또 오해하지 말아야 할 것이, 이러한 요소들은 어떤 한쪽이 우월하고 다른 한쪽이 열등한 문제가 아니다. 각 요소 간의 균형과 조화를 이루는 방향성으로 하모니를 이뤄 나가야 할 것이다.

재건축·재개발과 리모델링 전략

　재건축 및 재개발과 리모델링은 꼬마호텔의 가치를 늘리기 위한 하나의 수단이자 방편이다. 이들 방식 중 어느 것을 취하느냐에 따라 꼬마빌딩의 가치는 상승할 수도 있고 하락할 수도 있다.

　재건축은 구축, 즉 헌 건물을 아예 허물고 새로 짓는 것을 이야기한다. 재개발은 지구 단위의 개발을 말한다. 단순히 건축물 하나를 부수고 새로 짓는 것이 아니라, 건축물과 함께 인접한 도로나 상하수도 등 다른 기반 인프라와 시설들까지 새로 정비하는 개념이다.

　리모델링은 부동산에서는 실내를 꾸미는 것이 아닌, 건물의 골조, 즉 뼈대만 남기고 외형을 부순 뒤 요즘 트렌드에 맞게끔 건물의 외형을 새롭게 바꾸는 것을 이야기한다. 물론 리모델링에는 단순히 외형뿐만 아니라, 실내에서 계단의 위치를 바꾼다거나 엘리베이터를 설치하는 등의 작업도 포함이 된다. 다만 계단 위치를 바꾸는 것과 엘리베이터 설치 등은 리모델링 수준에서는 상상 이상으로 큰 공사이기도 하다.

　이러한 리모델링이 제대로 진행이 되려면 사업 계획 승인을 잡는 것처럼 추진위원회가 있어야 추진이 가능하다. 아파트나 일반 구역 재개발과 단계는 비슷하다. 처음에는 어떠한 특정 구획이 지정이 될 것이고 관계처분인가가 나면 건축의 사이클이 가속 페달을 밟게 된다. 다만 호텔의 경우에는 스스로 결정하면 되는데. 제주 체크인 호텔의 공동 투자 사례처럼 변수가 되는 케이스도 존재한다. 다만 호텔의 재건축과 재개발은 아파트의 그것보다는 수월한 측면이 있다. 가장 우선적인 이유는 재건축 재개발에 걸린 이해관계자의 표본 집단의 수가 많지 않기 때문이다.

꼬마호텔도 잠재적 가치라는 게 내재해 있다. 그 가치는 꼬마호텔의 소유주가 관심을 기울이지 않으면, 줄어들 수도 있고 성장할 수도 있다. 꼬마호텔의 잠재적 가치는 재건축을 통하여 향상시킬 수도 있고, 재개발을 통하여 향상시킬 수도 있다. 아니면 리모델링을 통하여 향상시킬 수도 있다. 자금이 풍족하다면야 강남의 구축을 매입한 뒤 재건축을 통하여 임대 수익과 시세 차익의 동반수익을 얻는 것도 좋은 방법이다.

임대를 통한 리모델링

임대를 통한 리모델링 사례를 먼저 살펴보자. 초기에는 '맛보기 운영'을 먼저 해보라고 권하고 싶다. 서울 종로구 익선동에 위치해 있는 '호스텔코리아 익선동'이 그 대표적인 사례이다. 호스텔코리아 익선동은 필자가 코로나19 팬데믹이 종식되어 가는 무렵인 2023년 1월께에 익선동 건물에 20개의 방을 임대로 얻어 운영하였던 사례이다. 원래 보증금 1억 원에 월세 1,100만 원짜리 임대 물건이었는데, 코로나19 시기여서인지 재임대가 나가지 않았다. 건물주 역시도 이 물건들을 어떻게 해야 할지 고민이 적지 않은 상황에서 필자를 찾아왔다. 지금 가격대로라면 코로나19 팬데믹 상황에서 예기치 못한 리스크를 떠안게 될 수도 있는 이유, 저렴한 가격에 임대를 주면 확실하게 수익을 내보겠다고 의지를 보여준 것을 조건으로 보증금 5,000만 원, 월세 600만 원이라는 제법 괜찮은 조건에 임대를 받았다. 직전 임대차 대비 거의 반값 수준에 임대를 하게 된 것이다. 위기 상황에서 받은 이 물건은 시쳇말로 '대박'이 났다. 한 달에 총 4,000만 원가량의 매출을 안겨다 주었기 때문이다.

인테리어 비용은 원래 운영 중이었던 곳을 인수했기 때문에 대단히 적은 비용인 총 4,000만 원이 들었다. 원래는 아예 인테리어가 되어 있지 않은 황무지 같은 상황이라면, 객실 하나 꾸미는 데 대략 2,000만 원이 필요하다. 그리고 그 객실이 20개라면 4억 원가량이 필요하다. 그러면 정상적인 영업 상황이라고 치면 인테리어 비용을 뽑기까지는 약 1년 하고도 6개월 정도가 소요된다(음식점 등 일반적인 점포들은 단일 공간에서 인테리어가 들어가므로 1억 원 정도면 충분하다고 보인다). 그런데 필자는 호스텔코리아 익선동 투자 시 굉장히 저렴한 비용으로 인테리어까지 마치고 수익 구간을 빠르게 올려 차익을 실현해 내었다. 초기 투자 비용을 회수하면 그 이후로는 계속해서 이익이 나는 구간으로, 감가상각 기간을 통상적으로 5년으로 잡고 보면 그 정도로 수익의 배트를 짧게 잡고 추후 설명할 엑시트 전략까지 가져가야 할 것이다.

참고로 호스텔코리아 익선동의 객실당 단가는 평균 6만 원이다. 익선동이 수 년 전부터 워낙 핫 플레이스로 자리 잡은 만큼, 객실 점유율은

100퍼센트에 가깝다. 원래 시설 권리금은 1억 원 정도가 되는데, 코로나 19 시기여서 무권리금으로 인수받았는데, 임대로 운영한 지 불과 2개월여 만에 인테리어 비용을 뽑아낸 것은 물론, 없던 시설 권리금마저 다시 살려냈다. 권리금이라는 것이 운영이 잘될 때는 많이 받을 수 있지만 그렇지 않을 데는 제로에 수렴하는 성질이 있다. 대개 임차 계약 후 12개월, 즉 1년 치 점포 순수익에서 +@가 되는 금액을 권리금으로 잡는 것이 통상적이다. 필자는 어찌 되었든 어려운 시기에 무권리로 들어가서 성공의 결실을 맛보았다.

매입을 통한 리모델링

매입을 통한 리모델링 방법으로는 대표적으로 급매를 통한 매입과 경매를 통한 매입, 그리고 NPL을 통한 매입이 있다. 이중 세 번째 방법인 NPL(Non Performing Loan)을 통한 매입은 급매와 경매가 그다지 큰 메리트가 없는 요즘 분위기에서 더 주목받는 방법으로 부상하고 있다. 참고로 NPL은 부실 대출금과 부실 지급 보증액을 합친 것으로, 금융회사의 부실채권을 뜻한다. NPL 투자는 더욱 저렴한 부동산 매입을 통하여 투자 대비 운영 수익률을 높일 수 있어 요즘 들어 각광받고 있다.

앞서 언급하였듯, 경매로 물건을 취득하는 것이 큰 메리트가 없는 경우가 있다. 경매 가격이 그다지 싸지 않은데, 내부 시설까지 새로 해야 하며 운영도 처음부터 다시 시작해야 하기 때문이다(영업 권리금 제로). 오히려 급매로 사는 것이 시간 투자 대비 더 나을 때가 있을 정도이다.

그렇지만 앞으로 경매 물건은 더욱 늘어날 가능성이 크다. 최근 몇 달 동안 지난 정부 때 영끌(영혼까지 끌어 모아 투자)한 MZ세대들이 치솟은 이자 금리를 견뎌내지 못하고 나오는 부동산 매물들이 늘고 있는데, 앞으로도 그 물량은 늘어나면 늘었지 줄어들지는 않을 전망이다. 2024년 기준으로 시중에 나오는 경매 물건은 엄청나게 늘고 있는 실정이다. 이는 다시 말하여 IMF 이후에 대단히 저렴한 가격에 부동산을 매입할 수 있는 새로운 기회라고도 할 수 있겠다.

처음 꼬마호텔 투자 초기에는 임대로 경험을 해보다가, 자신감이 쌓이면 매입도 시도하여 보자. 참고로 지금은 숙박 시장이 괜찮으니 임대로 시작해도 괜찮다고 생각하지만, 임대는 결국에는 자기 건물에 투자하는 것이 아닌지라 한계가 뚜렷하기 때문이다. 아파트에 전월세로 들어가면 내 집이 아니므로 많이 꾸미지 않는 것과 비슷한 이치이다. 막걸리를 만들더라도 논을 사들이고 쌀까지 직접 도정하여 원재료를 생산하면 더 좋은 막걸리를 제조할 수 있다. 참고로 도심지 근처의 논이라면 도시 용지로 개발될 가능성이 높기에 장기 보유 시 언젠가는 엄청난 땅 부자가 될 수도 있다. 실제로 강남의 대부분 지역과 지금의 마곡 지역은 모두 논밭이었다. 그런데 현재는 각종 대기업과 고층 빌딩이 즐비하게 들어서 있는 고급 업무 지구로 변모하였다.

부족한 지식과 실무들은 에어비앤비 카페라든지 주변에 자신보다 잘 아는 전문가들을 적극적으로 활용하여 실행 단계까지 이르러야 한다. 자신이 실제로 해보면서 쌓는 직접적인 경험도 무엇보다 중요하겠지만, 주변의 전문 인력들을 잘만 활용한다면, 시간을 벌어다줄 수 있다는 장점이 있다.

천기누설! 알짜 입지는 여기다

서울과 수도권/반도체 K라인

서울은 이미 국제적인 경쟁력을 갖춘 도시로, 수요가 국내에 머물러 있지 않다. 중국인이 서울의 부동산 보유를 늘려 나간다는 뉴스에서도 알 수 있듯이, 서울은 세계인들이 탐내는 아시아의 노른자가 되었다.

여기서는 서울 밖의 관심을 가지고 지켜봐야 할 알짜 입지를 소개한다.

인천광역시 연수구에 위치한 송도는 강남을 서울이라고, 분당을 성남이라고 부르지 않는 것처럼, 인천을 뛰어넘는 고유명사로 격상하였다. 송도는 포스코타워 등 마천루들이 즐비하고 기업들이 대거 입주한 국제도시이자 미래도시이다. 인천은 송도 외에도 영종도, 청라, 검단 등 경쟁력 갖춘 신도시들을 대거 보유하고 있다.

어디 인천뿐이랴. 상술하였듯 분당은 '하늘 아래 분당'이라는 수식어가 생겼듯이, 서울의 웬만한 입지는 다 이겨내는 경기도 최고 입지로 격상하였다. 비슷한 시기에 출범한 고양의 일산과는 이미 배 이상의 차이로 벌어지고 있다.

분당 아래에는 첨단 IT 기업들이 즐비한 판교신도시가 있으며, 수원

에는 광교신도시가, 화성에는 동탄신도시가 있다. 과천은 그 자체로도 희소성을 갖췄으며, 안양에는 경기도 3대 학군 중 하나인 평촌이 있다. 이들은 그 자체로도 상당한 입지 경쟁력을 갖췄다고 보아도 무방하다.

지금부터 구체적으로 어떠한 지역에 들어가면 좋은지 알아보자. 앞서 언급하였듯, 서울을 시작점으로 부산 방면으로 내려가는 경부선 라인을 주목하여야 한다. 이 라인은 삼성전자와 SK 하이닉스가 증설하는 반도체 생산 라인이 위치한 지역이기도 하다.

경기도 용인의 반도체 라인과 신축 공장이 즐비한 경기도 평택을 중심으로, 수원화성과 천안아산, 그리고 인천광역시에서는 하늘도시가 있는 영종도를 주목해야 한다. 야놀자나 여기어때 같은 애플리케이션 플랫폼을 통하여 해당 지역들의 숙박시설 현황과 입지 및 조건들을 검색할 수

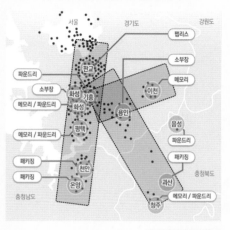

주목해야 할 k 반도체 라인의 입지

팹리스
소부장
메모리
파운드리
소부장
메모리 / 파운드리
메모리 / 파운드리
패키징
패키징
판교
화성 기흥
화성
평택
천안
온양
용인
이천
음성
파운드리
패키징
괴산
청주
메모리 / 파운드리

서울
경기도
강원도
충청북도
충청남도

ⓒ산업통상자원부

있으니 활용하면 유용하다.

특히 앞서 언급하였던 반도체 라인은 더 주목할 필요가 있다. 앞으로 대한민국은 세계 최저 출산율로 말미암은 출산율 저하와 그로 인한 인구 절벽 현상이 벌어져 노동력을 외국으로부터 수입해야 하는 상황에 놓이게 된다. 그러면 외국인 노동자들이 그 어느 때보다 많이 유입될 것이다. 더군다나 삼성전자나 SK 하이닉스 같은 첨단 산업 기반의 글로벌 대기업들은 외부에서 인도계 인재라든지 머리를 쓰는 고학력 브레인(Brain)들을 스카우트 해올 수밖에 없다. 이들 연구직들은 급여 수준이 상당한 것으로 알려져 있다. 특히나 외국에서 스카우트해올 정도라면 상당한 대우를 해줘야 한다. 이러한 까닭에 소위 말하는 고급 인력들이 좋은 주거 형태를 선택할 수밖에 없는 여건에 놓이는데, 이는 다시 말하여 그러한 선택들로 말미암아 해당 지역의 주거 여건이 상당히 획기적으로 개선된다는 이야기이다. 그들의 니즈에 맞는 다양한 숙소, 즉 단기 숙소, 쉐어 하우스 등이 필요하다는 결론이 도출된다.

반도체 라인의 새로운 핵심지로 떠오르고 있는 경기도 평택을 중심으로 놓고 본다면, 그에 인접한 충청남도 천안이나 당진이나 서산 등도 아울러 주목해 보면 좋을 것이다. 그리고 그 아래로는 국가 숙원 사업이 펼

처지고 있는 새만금이 있다. 새만금은 최근 전라북도가 전북특별자치도로 바뀌면서 사업에 추진 동력을 더 얻을 것으로 기대되고 있다. 새만금 개발이 가속화한다면 중국 동부 도시들과의 바닷길이 본격적으로 열릴수 있게 된다. 새만금은 새만금국제공항과 서해안에 접해 서해의 거점도시 군산으로 이어지는 등 교통 인프라 역시 대거 확충될 것이기에, 이에 따라 파생되는 숙박 수요에도 주목해 볼 필요가 있다.

지방의 꼬마호텔 입지 접근법

근래 들어 지방에 대한 우려가 너무나도 많다. 사실 어느 정도 이해는 간다. 인구 수는 급격하게 줄어들고 있고, 이에 따라 지방부터 무너지는 것 아니냐는 우려다. 그렇지만 이는 '참'이라고만은 보기 어렵다. 인구수가 줄어드는 것은 많지만, 우리가 보는 카테고리는 여행 수요라는 것을 간과해서는 안 된다. 꼬마호텔의 수요는 5,000만 내국인 외에도 80억 명 이상의 전 세계 관광객을 대상으로 하는 숙박 비즈니스이다. 인구수 감소가 아파트나 빌라 등 주거 상품의 수요와는 어느 정도 연관이 있을 수 있지만 투숙객을 목적으로 하는 숙박 상품은 다른 측면이 있다. 지방도 지방 나름이고, 오히려 경쟁력을 갖춘 지방은 웬만한 서울 및 수도권보다도 나은 경우가 있다.

대표적으로 제주, 부산, 경주, 속초 등 관광 콘텐츠에 강점이 있는 관광도시들이 그렇다. 특히 부산의 경우에는 인구가 400만 명 가까이 치솟다가 향후 수년 뒤에는 300만 명 선도 힘들다라는 우려가 나오고 있지만, 애초에 부산은 인구수로 접근하는 도시가 아니다. 대한민국에서 서울 다음가는 제2의 도시이자, 세계적 항구 및 관광 도시로 상징성이 큰 도시다. 왜 대한민국에서 손가락에 꼽히는 마천루들이 해운대에 몰려 있는가. 이는 다시 말해 부산 역시도 전국구 도시라는 방증인 셈이다.

다만 지방은 서울 및 수도권과는 달리 접근해야 한다. 그렇다고 서울 및 수도권의 위상에 빗대어 지방의 입지 가치를 폄훼할 수는 없다. 대한민국 인구의 절반 정도는 어찌 되었든 비수도권에서 거주하기 때문이다. 그리고 사람이 사는 곳에서는 어디서든 '희소성의 가치'가 적용되게 마련이다. 부산에서는 해운대를, 대구에서는 수성구를, 대전에서는 둔산동을, 광주에서는 봉선동, 제주에서는 연동—노형동 신시가지를 각각 최고로 치는 이유이다. 사람들의 보는 눈은 다 똑같고, 어느 동네든 자산가들은 자녀 교육을 풍족하게 시킬 수 있는 곳을 선호하게 마련이다.

다만 서울 및 수도권과 지방의 입지를 바라보는 시선은 달리할 필요는 있다. 동일한 시야와 가치관의 잣대를 들이대 적용하기 힘들기 때문이다. 우선 지방 도시들은 역세권이 갖는 의미가 상당히 낮으며, 이는 인구수가 부족한 도시일수록 더욱 그렇다. 부산보다는 대구가, 대구보다는 대전과 광주가 지하철이 갖는 의미가 떨어진다는 이야기다. 대전만 가보더라도 지하철로 부르기는 하여도 서울로 치면 경전철로 분류되는 우이신설선이나 서울 지하철 1호선과 연결된 의정부 경전철 수준의 규모이다. 그래서 지하철이 깔려있는 지방 광역시들의 역세권은 서울 및 수도권의 역세권과는 그 차이가 크다. 극단적으로 말해 싱글 역세권은 버스정류장 수준으로 보아도 무방하며, 최소한 환승역이 생기는 더블 역세권 정도는 되어야 역세권으로서의 입지의 파괴력을 갖게 되는데, 실질적으로 지방 광역시 지하철은 3호선 이상을 보유한 곳조차 많지 않으니 그 의미가 퇴색되는 것도 한편으로는 이해가 간다.

지방 도시들은 역세권보다는 학세권을 보는 게 더 맞다. 앞서 언급한 곳들이다. 그렇지만 꼬마호텔 관점에서는 학세권은 별 의미가 없다. 실거주민들 처지에서만 좋은 입지에 해당하기 때문이다. 대상이 내·외국인 관광객들이라면, 역시나 교통이 좋아야 한다. 그렇지만 지방 도시들은 김해국제공항 정도를 빼고는 여객 수용력이 크지 않기 때문에 공항보다는 철도, 그리고 일반철도보다는 고속철도, 즉 KTX 역사가 있는 곳을 좋은 입지로 보아야 한다.

부산으로 치면 부산역이, 대구로 치면 동대구역이, 대전으로 치면 대전역이, 광주로 치면 광주송정역이 될 것이다. 광역시 외에는 천안아산역, 창원중앙역 등이 유동인구가 있는 편이다. 관광도시 중에서는 경주에서도 KTX가 빠지기 때문에 포항경주역, 강릉에서는 강릉역, 속초에서는 속초역 등이 입지가 좋다고 볼 수 있겠다.

그렇다면 KTX가 없는 지방 도시들은 어떨까? 우선 그 외 지방 도시 중에서 관광 콘텐츠가 가장 막강한 제주도 같은 경우에는 제주국제공항과 가까운 신제주와 구제주가 좋은 입지라고 볼 수 있겠다. 특히나 신제주는 제주도에서는 가장 큰 번화가로, 최근에는 제주도에서 가장 높은 지역 마천루인 드림타워까지 건설되었고, 이 건물 안에는 외국인 관광객을 유입할 수 있는 쇼핑, 카지노, 호텔 등 위락 시설까지 갖춰졌다. 그래서 외국인 관광객을 타깃으로 하는 꼬마호텔 역시도 신제주 지역에 세팅하면 좋겠지만, 최근 이 지역의 땅값이 만만치 않다는 것이 접근을 쉽지 않게 한다.

부산광역시

부산광역시 먼저 살펴보자. 부산은 서울에 이은 대한민국 제2의 도시이자, 제1의 항구도시이다. 한때는 인구가 400만 명에 육박할 정도로 엄청난 위용을 자랑하였다. 그러나 현재는 서울 및 수도권과 인근 위성도시로의 인구 유출이 크게 일어나 현재 330만 명 수준에 불과하다. 지역 내 일자리 부족이 청년들의 유출을 가속화시킨 탓이다. 그렇지만 관광 자원으로서의 부산의 가치는 여전하다. 외국인 관광객들이 대한민국에 오면 서울 다음으로 찾는 명실상부 대한민국 제2의 관광지로 해운대, 오륙도, 남포동, 센텀시티 등 관광명소가 즐비하다. 이처럼 주요 관광지

광안대교를 낀 부산 해운대의 전경

로서의 명성에 걸맞게 매월과 일 단위로 다양한 공연, 전시, 문화 축제가 개최되는 위락 도시이다. 2024년 현재 부산시는 주요 관광지 다섯 곳에 관광 안내소를 설치하고 24시간 관광 통역 안내 서비스를 제공하고 있으며 만디버스, 낙동강 에코버스 등을 운영하여 주요 관광지를 편리하게 이동할 수 있게 지원한다.

부산의 중심은 해운대다. 두 번째로는 수영구와 동래구가 있다. 그래서 '부산 하면 해수동(해운대구, 수영구, 동래구)'이라는 이야기도 나왔다. 해운대구는 명실상부 대한민국의 내로라 하는 마천루들이 즐비한 곳이다. 그 유명한 엘시티부터 상위 10위 안에 드는 마천루 다수가 포진해 있다. 해수동 다음으로는 부산의 멀티 역세권 서면역이 포진한 부산진구를 들 수 있다. 서면역은 서울을 제외한 전국에서 가장 많은 승객이 이용하는 도시철도 역이다. 이게 어느 정도냐면, 인천 2호선(22만 명), 대구 3호선(14만 명으로 서면역과 비슷)을 제외한 전국의 모든 경전철 노선의 이용객 수와 동해선 광역전철, 광주 1호선, 수도권에서 이용객이 적은 편에 속하는 서해선, 경강선, 경춘선, 수인선의 일 평균 승하차량을 웃돈다. 순수 승하차량으로만 따진다면 서면역은 수도권에서도 환승 지옥이라는 사당역, 신도림역과 비슷한 수치이며, 심지어 코로나19 팬데믹으로 승객 수가 크게 줄어든 2020년에도 9만 7,450명을 기록했다.

필자는 부산의 핵심지 중 하나인 부산진구 부전동에 프로젝트를 진행한 바 있다. 해당 사업지는 부산에서 가장 많은 유동 인구를 자랑하는 서면역 역세권 롯데호텔 부근에 위치해 있었다. 서면역은 더블 역세권으로, 부산시민뿐만 아니라 전국구 상업 및 관광 명소이다.

부산 최고 번화가 서면의 전경

부산 최고 번화가 서면의 전경

　또한 해당 사업지는 부산 등 동남권의 하늘 관문인 김해국제공항에서
도 멀지 않다는 메리트가 있었다. 김해국제공항까지의 거리는 16.8km
에 불과하였다. 공항 리무진 버스 이용 시 약 28분이 소요되며, 국제선
청사정류장에서 공항리무진 버스를 타고 롯데호텔백화점(서면역) 정류장
에 하차하면 도보로 4분 거리(251미터)에 위치해 있었다. 부산 도시 지하
철 이용 시에도 45분 정도밖에 걸리지 않는다. 공항역에서 부산−김해
경전철을 타고 부산 지하철 2호선 사상역에서 환승하여 서면역에서 하
차한 뒤 도보로 500미터 이동하면 6분 정도 걸리는 거리이다.

　심지어 바닷길과 철로도 나쁘지 않은데, 부산항 국제여객터미널에서
사업지까지의 거리는 9.4km로 부산 지하철 1호선 초량역에서 환승 없
이 서면역에 하차하여 이동 가능한 수준이다. 부산항 국제여객터미널 입
구 정류장에서는 1004번 버스에 승차하여 롯데호텔백화점(서면역) 정류
장에 하차하면 된다. 서울에서는 서울역에서 KTX를 타고 부전역에 하
차하면 닿을 수 있고, 약 다섯 시간 30분이 소요된다. 부산 지하철 더블

환승역인 서면역과 부전역(1호선) 근처에 위치하여 해운대, 남포동 등 부산 주요 관광지로의 이동이 편리하고, KTX 부전역에 내려 정류장 이용 시 서울 및 수도권 지역 관광객을 유입할 수 있다는 메리트가 있었다.

사업지 주변의 숙박 시설을 검토한 결과, 오성급 관광호텔, 게스트하우스, 일반 숙박 시설이 꽤 즐비하게 위치해 있었다. 최대 객실수를 자랑하는 롯데호텔 부산(650실)을 필두로, 도요코인호텔 부산서면(308실), 부산비즈니스호텔(234실), 베스트웨스턴 유엘 부산호텔(203실) 등이 뒤를 이었다. 판매가격은 일 10만 원 안팎으로 형성되어 있었다.

필자는 어차피 꼬마호텔 위주의 전략을 갖고 있었기 때문에 롯데호텔 부산은 애초에 경쟁 상대가 아니어서 배제하였다. 롯데호텔 부산은 너무나 거대한 거인이었다. 그래서 차순위인 도요코인 호텔부터 객실 수가 가장 적은 하운드호텔(구 가야관광호텔, 40실)까지의 주요 호텔 다섯 군데를 경쟁 타깃으로 잡았다. 지상 4층부터 지상 26층까지를 1개 층에 1개 내지는 2개의 객실로 활용하고자 구상하였기에, 이 정도면 규모 면에서는 충분히 승부를 걸 수 있으리라고 전망하였다.

미국 뉴욕에는 '펜슬 타워'라고 불리는 연필 모양의 얇고 길쭉한 빌딩이 있다. 이처럼 부산 서면의 해당 건물은 45평의 작은 토지에 연필처럼 얇고 길게 신축하는 프로젝트였다. 좁은 대지의 불리함과 불안한 느낌을 역으로 살려내는 방향성이었다.

지하 2층~지상 26층 규모의 거대한 프로젝트로 계획된 해당 물건지는 일반상업지역(용적률 1,200%, 건폐율 80%) 으로, 방화지구이자 중심 미관 지구였다. 가로구역별 최고 높이 제한 지역(126미터 이하)이기도 하였다. 서측에는 15미터 도로가, 남측에는 47미터로 강남대로에 육박하는 막대한 폭의 대로를 두고 있었다. 숙박 시설(호스텔)로 용도를 신청하고 층별 세부 구성을 짰다. 1층에는 주 출입구와 주차시설을 두고, 2층에는 카페를 필두로 한 근린생활시설과 주차시설을 두었다. 로비와 리셉션, 그리고 나머지 주차시설은 3층에 배치하였고, 4층부터 26층까지는 객실로 구성하였다. 지하 1층에는 공용편의시설로 이용할 수 있는 커뮤니티 홀과 직원 락커 및 휴게실로 꾸렸으며, 지하 2층에는 방제실, 기계실 및 시설 설비를 계획하였다.

지하 1층에는 공용편의시설로 이용할 수 있는 커뮤니티 홀과 직원 락커 및 휴게실로 꾸렸으며, 지하 2층에는 방제실, 기계실 및 시설 설비를 계획하였다.

부산 기장군의 입지와 도시철도 계획도

수익 구조를 잘 짜고 설계도 나쁘지 않았지만, 본 프로젝트는 주관사가 실행에 옮기지 않으면서 안타깝게도 무산되었다.

다음으로 부산 내에서 밝은 전망이 예상되는 입지는 기장군이다. 기장 내에서도 기장송정역을 주목할 필요가 있다. 기장은 이미 신규 택지 구역으로 롯데 프리미엄 아울렛이 대규모로 들어와 있는 등 천지개벽하였다. 외지인이라면 크게 와닿지 않을 수도 있는데, 부산 사람이라면 달라진 기장의 상전벽해급 위용과 위상에 입을 다물지 못할 것이다.

실제 외지인이 찾아가서 보더라도 기장은 과거와는 달리 대단히 좋은 입지로 탈바꿈하였다. 아무래도 동해안을 끼고 있기 때문에 해운대와 광안리 다음 주자가 어디가 되겠느냐라고 질문을 던졌을 때 그 대답은 높은 확률로 기장일 수밖에 없었다.

2024년 현재 기장에는 숙박업소도 많이 늘어났고, 주거 상품의 분양도 다른 지역보다는 잘되고 있는 실정이다. 후자의 이유는 기장이 이미 사람들이 살만한 곳이 되었음은 물론이고, 부산 내에서도 상급 입지로 급부상하였기 때문이다. 상술하였듯 롯데 프리미엄 아울렛, 롯데마트 등 생활 편의 시설이 부산 내에서 높은 수준이라 지역 인구가 몰리고 있는 추세를 보이고 있다.

실제로 기장에는 글로벌 가구 업체 이케아(IKEA)도 들어가 있다. 이케아는 출점 전략이 까다롭기로 유명하다. 아무 지역이나 출점하지 않는다. 이케아를 비롯하여 스타벅스나 맥도날드 이런 기업들은 소위 말하는 부동산 업체라고 보아도 무방할 만큼 입지 분석과 선정을 잘하고 해당 지역에 들어간다.

이뿐만이 아니다. 기장에는 우리나라에서 가장 비싼 호텔 중 하나인 아난띠를 비롯하여 반얏트리 등 내로라하는 호텔 체인들이 들어와 있다. 아난띠는 5성보다 높은 6성급을 표방하는 특급 호텔이다. 이러한 호텔 브랜드들은 동해안을 끼고 있는 기장의 가치를 높이 산 듯하다. 동해안의 풍광을 감상할 수 있는 기장해안도로는 전국의 해안도로 중 가장 각광을 받고 있는 도로이다. 기장의 바다는 해운대나 광안리와는 매력도가 또 다르다.

대부분의 다른 지역과 마찬가지로 부산 도시의 발달 역시도 원래 구도심에서 비롯되었다. '동래'라는 지명이 옛날부터 이어져 왔듯, 해운대보다는 동래 중심으로 발달하였고, 해안가 중에서는 영화 '친구'에서도 살펴볼 수 있듯, 영도구의 발전상이 대단하였다. 이곳은 피난민들이 거주

부산의 미래 대장급 입지인 삼익비치타운 전경

하면서 인구의 증가에 따른 자연적인 발달이 일어난 지역들이다.

그런데 해운대가 개발되기 시작하면서 부산 바닷가의 발전 라인이 영도에서 우상향하기 시작하였고, 이미 해운대는 개발이 거의 끝났다고 보면 된다. 부산의 재건축 대장주로 지역 내 초특급 입지인 수영구 남천동의 삼익비치타운 정도만 개발이 완료된다면, 이쪽 지역의 재개발은 거의 완성 수준으로 치닫는다고 보아도 무방하다. 참고로 1979년에 준공된 삼익비치타운은 부산 앞바다 조망을 직접적으로 누릴 수 있는 3,000세대 이상의 초고급 주거 타운으로 재탄생할 전망이다.

이렇게 해운대까지 올라온 부산 인근 해안가의 발달은 아래로의 발달이 아니라 위로의 발달이 특징인데, 그러면 이제 기장밖에 남는 곳이 없게 된다. 그래서 지도를 잘 보아야 한다. 기장은 천혜의 자연환경을 품었을 뿐만 아니라, 지하철역 등 대중교통 인프라도 같이 발달하고 있는데, 이러한 발전 추이를 기업들이 놓칠 리가 없다. 아난띠나 반얀트리 같은 특급 호텔 체인은 물론이고, 골프장까지도 우후죽순으로 생겨나고 있는 실정이다. 기장 지역의 경우에는 특급호텔은 많이 출점하였지만, 경쟁력 있는 저가 꼬마호텔은 많지 않은 실정이다. 이미 눈치가 빠른 투자자들은 기장에 발을 담근 상황인데, 아직도 늦지 않았다는 점이 기장의 비전을 대변한다.

제주특별자치도

다음은 제주특별자치도이다. 제주도는 서울 다음가는 대한민국의 관광 도시이다. 2024년 현재 인구 수는 67만 5,000명 수준으로, 최근의

지속적으로 추진되고 있는 제주 원도심 개발 계획

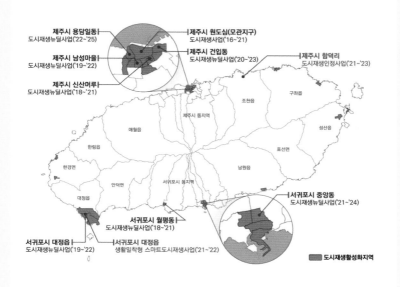

저출산 등 인구 감소 국면에서 꾸준히 인구가 늘고 있는 몇 안 되는 지방 도시이다.

제주도의 꼬마호텔 전망은 지금으로서는 밝은 편이라고 할 수 있다. 일단 관광수요가 꾸준하기 때문이다. 제주도는 제주 자체가 메가 콘텐츠이다. 해외에서 여행객이 오더라도 서울 다음으로 궁금한 도시가 바로 제주이다. 서울에서 넘어가는 항공편도 대단히 많다. 참고로 세계 제일로 붐비는 항공 노선이 서울 김포와 제주 노선이다.

앞서 언급하였듯 제주의 가장 큰 메리트는 바로 '세계적 관광 도시'라는 점이다. 인구도 인구지만, 여행객들을 유인할 유인책이 부족하면 사람들은 해당 지역을 찾지 않는다. 제주도의 물가가 만만치 않기 때문에 한때는 제주도를 갈 바에 가까운 일본, 중국이나 동남아시아 국가들을 가겠다라는 인식들이 있었다. 그렇지만 코로나19 시기에 해외 출국길이 막히면서 제주도가 다시 대안적 성격의 관광지로 급부상하였다. 여전히 비싼 물가에 바가지 상술이라는 부정적인 인식 때문에 해외 관광지와 비교하여 지속적으로 어디가 낫냐는 비교에 시달리고 있지만, 이 이슈를 극복해 낸다면 제주도는 꼬마호텔의 좋은 투자처로 각광받을 수 있을 것이다.

다만 제주도는 제주시의 구도심의 투자를 추천하는 바이다. 그게 아니라면 예산은 조금 들더라도 신제주에서 기존 물건을 리모델링하여 운영해 보는 것도 나쁘지 않다. 그렇지만 제주의 매력은 역시 원도심에 있다. 더군다나 시세 차익까지 보려는 목적이면 구도심이 제일 괜찮다고 본다. 다만 서귀포시는 제주도에서도 가장 접근성이 떨어지고 필자의 과거 사례에서도 살펴볼 수 있듯이 주말과 평일의 수요가 워낙 편차가 커서 꼬마호텔의 투자처로는 그다지 추천을 하지 않는다.

전라남도 목포

다음은 목포다. 목포는 한때 대한민국에서도 부산-인천 다음가는 항구도시이자, 전라남도에서 제일 큰 도시였다. 1940년대에는 부산, 인천, 원산과 함께 조선 4대 항구 도시 중 하나였고, 1950년대 인구가 10만 명을 훌쩍 넘기면서 남한 6대 도시로 부상하였다. 그러나 이제는 다 옛날 이야기가 되었다. 지금은 전라남도에서도 여수시, 순천시에 인구

수와 산업 기반이 밀리는 쇠락한 도시가 되었다. 그럼에도 불구하고 목포를 꼽은 이유는, 옛스러운 매력을 지닌 근대문화도시라 볼 것이 의외로 쏠쏠하여 관광 수요가 높기 때문이다.

목포는 외국인 여행객 입장에서도 한 번쯤은 방문해 볼만한 도시이다. 목포를 대표하는 명산인 유달산이 자리하고 있고, 목포해상케이블카로 보는 다도해 전경은 탄성을 자아낸다. 목포근대역사문화거리에서는 근대화 당시 항구도시 목포의 정취를 고스란히 간직하고 있다. 이밖에 목포대교, 목포 갓바위 등 볼거리가 즐비하다. 매년 4월 개최되는 유달산 꽃축제와 7~8월 열리는 목포항구축제는 전국구 축제로 거듭나고 있다. 또한, 여객선항을 통해서 제주도와 신안의 섬들을 방문할 수 있는 장소이다.

서론이 길었는데, 목포는 필자가 남다른 애정을 갖고 있는 도시이다. 2016년 12월, 목포시 도심 재생 프로젝트의 일환으로 목포시에 사업 계획서를 제안하였던 바가 있기 때문이다. 1970~1980년대 정점을 지나 쇠락을 거듭해 온 목포는 구도심의 도시 공동화 현상에 따른 슬럼화가 도시의 가장 큰 문제였다. 목포역 서편에 있는 구도심의 공동화 현상은 그야말로 심각하였다.

목포시도시지원센터는 네 가지에 주안점을 두고 구도심 복원을 의도하였는데, 가장 먼저 도시 재생 대학의 육성이다. 마을 활동가를 육성하여 도시 재생 추진 과정에 주민의 참여를 도모하고 주민 역량을 강화하자는 데 그 목적성이 있었다. 두 번째, 마을 학교와 마을 기업의 운영이다. 골목길 해설사 양성 및 주택 개량 지원 사업, 게스트하우스 마을 기업 모집 및 지원을 골자로 한다. 세 번째, 도시 재생 아이디어 제안 공모이다. 원도심 재생 참여도 증진 및 아이디어 개발을 위한 공모전을 개최하였다. 네 번째, 각종 축제 및 관광 자원 개발이다. 외부 관광객 유치를 위한 스토리 북(Story book) 발간 및 관광 자원 개발 추진을 의도하였다.

목포 원도심의 공실 현황은 심각하다시피 하였다. 2018년 기준으로 전체 건축물 중 520개소, 즉 18.29%가 공실인 것으로 드러났다. 쉽게 말하여 다섯 채 중 한 채는 공실이라는 이야기다. 주거 지역의 인구 유출로 말미암은 지속적인 공가 발생이 가장 큰 문제였다. 특히나 원도심의 핵심지역인 루미나리에를 설치한 영산로 59번길에도 상당수의 공실 점포가 존재하고 있어 도시 재생 사업 추진 시 공실 점포 해소를 위한 방안 모색이 필요한 실정이었다.

위 같은 상황의 원인으로는 몇 가지가 있었는데, 첫 번째, 신도시 및 시청 이전에 따른 지역 구조의 변화를 들 수 있었다. 목포 인근에 남악 신도시의 건설에 따라 목포 구도심 거주민의 인구 유출이 일어난 것이었다. 두 번째로 주차장의 부재가 수면 위로 떠올랐고, 차도와 구분없는 좁은 인도와 불법주차된 찰량, 그리고 비위생적인 환경도 문제가 되었다.

구도심의 공가 및 원도심을 활성화할 수 있는 아이디어와 방안이 절실한 상황이었다. 교육, 예술 공연, 강연, 전시, 숙박, 먹거리 등 다양한 공간을 창출하여 인구 유입을 어떻게든 일으켜야 하는 것이 당면 과제였다. 이를 이루기 위해서는 목적이 아니라 아이디어에 집중해야 하였고, 스토리 관광, 문화 관광, 체험 관광으로의 변화, 즉 복합 문화 공간으로의 재탄생이 필요하였다. 이는 선택이 아닌 필수로 보였다.

시내 외 인재 흡수 및 양성을 통한 원도심 재생 사업의 활성화 필요성도 대두되었다. 제도나 규칙으로 사람을 특정 지역에 묶어두면 도태되는 것은 수순이었다. 그리하여 인재를 양성하고 육성할 수 있는 기본적 시설을 구축해야 하였다. 사람을 움직이는 세 가지 요소에 집중하였다. 재미(Fun), 맛(Taste), 그리고 시크(Chic)였다.

목포 같은 지방 소도시의 인구를 늘리기 위해서는 도시 확대 사업이 아닌, 교외 개발 억제 정책이 필요하였다. 원도심에 사람과 물건과 자본의 기능을 집약시켜서 '콤팩트 시티'를 건설하여야 하는데, 현재 대한민국의 지방 도시 개발 정책은 거꾸로이다. 구도심은 복원하기는커녕, 다른 부지에 또 다른 신도시를 개발하고는 한다. 지방에는 노는 땅이 많기 때문에 기존 땅에 있는 오래된 건물을 허물어뜨리고 다시 짓기보다는 아예 황무지를 개간하여 새로 짓는 것이다. 그런데 이는 '콤팩트 시티' 정책과는 완전히 다른 방향이다. 지방일수록 집적도를 높여 도시 기능을 밀집시켜야 한다. 이에 대해서는 지면 관계상 나중에 기회가 생긴다면 더 구체적으로 풀어 보도록 하겠다.

어찌 되었든 도시 재생과 마을 호텔 지역 관광에 식견이 있는 필자 입장에서는 이 관점에서 목포시의 난제를 풀어내야 했는데, 지역 주민과 관광객의 공유와 소통이 이루어지는 새로운 개념의 호텔, 즉 신개념 서비스드 오피스 호텔 개발이 필요하다고 여겨졌다. 더 쉽게 표현하자면, 앵커로서 구심점 역할을 해낼 수 있는 동네 마실 같은 마을 호텔 개발을 의도하였다. 이처럼 목포시를 지역의 1인 기업 또는 국내외 비즈니스의 메카로 키우기 위해서는 다양한 사이즈의 오피스를 구성하여야 하였고, 스타트업을 위한 코워킹 사무실, 소수에서 다수까지의 인원을 수용할 수 있는 회의실 구축이 필요하였다. 요컨대 서비스드 오피스의 구현이 필수적이라고 보았다. 이를 통하여 With(같이)를 키워드로 한 소통과 협업을, Value(가치)를 키워드로 한 창조와 공유의 지역 커뮤니티 호텔을 구현하고자 하였다.

목포의 미래는 아이러니하게 느껴질지 몰라도 구도심의 활성화에 있다고 보아야 한다. 목포의 아이덴티티, 즉 정체성이 고스란히 구도심에 녹아 들어 있기 때문이다. 필자는 이 책에서 목포를 선정할지 말지를 놓고 적지 않게 고민하였다. 그런데 호남권에서 입지를 선정한다면, 목포를 꼽지 아니할 수 없었다.

그것은 바로 목포의 상징성 때문이었다. 목포는 지금은 크게 쇠락하였지만, 한때는 부산-인천에 이은 우리나라 제3의 항구도시이자, 대한민국 5대 도시 중 하나였다. '대한민국 국도 1호선의 출발지'라는 상징성도 갖고 있다. 그만큼 목포의 위상은 엄청났다. 오죽 하면 '목포는 항구다'라는 노래와 영화까지 있겠는가.

목포를 입지적인 측면에서 바라볼 때는 인근의 신안군하고 묶어서 보아야 한다. 신안은 천사섬 등으로 유명한 천혜의 해안 도시이다. 외국은 신안처럼 섬이 많은 리아스식 해안 구조의 경관을 거의 찾아보기 힘들기 때문에 필자는 신안에 딸린 무수한 섬과 해안 풍경을 상당한 관광 자원이라고 생각한다. 관광객들이 오기 쉽게 접근성을 개선하고 관광 명소에 대

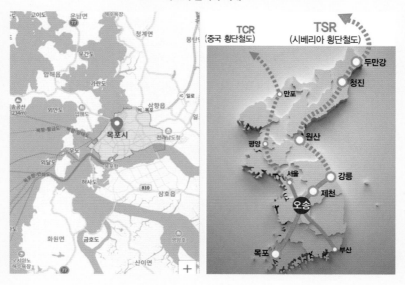

목포의 입지와 미래

한 홍보만 잘 이루어진다면, 외국인 관광객들이 찾는 새로운 명소가 될 수 있을 것이라고 생각한다. 지역의 발전을 빠르게 이루어 내는 데는 외국인 관광객만한 성장 요인도 없다. 제주도 역시도 빠르게 관광도시로 발전한 이유도 중국과 동남아시아 등을 필두로 한 외국인 관광객의 방문이 촉매제가 되었다. 전라남도는 우리나라에서 가장 많은 섬을 거느리고 있는 지자체이다. 그래서 관광 측면에서 신안의 가진 관광 자원은 무궁무진하다고 보아야 한다.

이러한 신안의 관문 역할을 하는 목포는 대도시에 비할 바는 아니지만 나름의 도시 및 교통 인프라도 갖추고 있어서 워케이션을 하기에 나쁘지 않은 지역이라고 필자는 생각한다. 워케이션의 필수 조건은 '워크'보다는 후자의 단어인 '베케이션'에 있는데, 목포는 후자의 단어에서 가장 큰 강점을 발휘한다. 신안으로 이동할 때는 목포 여객터미널을 반드시 거쳐야 한다. 신안군 관내에 거주하는 거주민들은 목포에 집 하나씩은 갖고 있다는 이야기도 있다. 어업에 주로 종사하는 신안군민들은 해일이나 풍랑이 칠 때면 배가 출항을 하지 못하여 주민들이 섬과 육지를 오도 가도 못하는 신세가 된다. 여기에 신안군내 교육 인프라가 열악하기 때문에 자녀들을 상급 학교에 진학시키려면 그 첫 번째 대안은 바로 목포시에 있는 학교에 보내는 것이 된다. 이러한 자녀의 교육 문제 때문에 목포의 부동산은 신안의 수요까지도 아우를 수 있게 된다.

여기에 목포를 찾는 관광 수요는 다도해의 보석 같은 섬들을 감상하기 위한 관광객들로 일정 수준 이상이 유지되는 반면에, 이들을 수용할 숙소의 공급은 여전히 부족한 실정이다. 시야를 넓게 확장하자면, 작금의 대한민국은 국토를 둘러싼 삼면이 바다인 것은 주지의 사실이고, 위로는 북한이 위치해 있어서 사실상 섬과 다름없는 입지이다. 그런데 향후 통일이 된다면, 목포는 부산과 함께 영국 런던발 도착지로 위상이 급격히 올라갈 수 있게 된다. 영국이 유로스타를 통하여 프랑스와 이어져 러시아까지 뻗어 나갈 수 있게 된 것처럼, 미래 세대에 목포가 국도 1호선의 출도착지로서의 프라이드를 다시 되찾는 시나리오도 상상만은 아닌 것이다.

세계에서 가장 섬이 많은 국가 중에 놀랍게도 우리나라가 5위 안에 드는 것으로 나타났다. 스웨덴 등 스칸디나비아 국가들이 가장 섬이 많았고, 우리나라는 특이하게도 좁은 영토에 딸린 부속 도서들이 굉장히 많게 나타났다. 그리고 그 핵심 지역, 대한민국 도서계의 수도가 바로 목포이다. 목포의 잠재력은 바로 교통 인프라에 있다. 육해공을 다 갖췄다. KTX 목포역이 자리하고 있고, 하늘길은 근처의 무안국제공항으로 열려 있는 상황이다. 여수와 더불어 다도해해상국립공원의 중심지 역할을 톡톡히 해낼 수 있는 인프라이다. 지금은 그다지 매력적으로 보이지 않을지도 몰라도, 예전에 살기 좋은 지역이 지금도 살기 좋다는 말은 진리에 가깝다. 수맥의 기운이 흐르는 목포는 미래에 대한민국을 선도하는 해양 도시의 위상을 갖출 수 있으리라고 생각한다.

전라남도 여수

다음은 전라남도 여수이다. 여수는 2024년 현재 전라남도에서 가장 큰 도시 중 하나로, 여수가 자랑하는 여수 산업단지에서는 전라남도 GDP의 50%를 창출해낸다. 인구수도 전라남도에서 순천 다음인 두 번째로 많다.

여수는 해상 관광 자원이 대단히 풍부한 도시다. 남해안을 대표하는 국립공원으로는 한려해상국립공원과 다도해해상국립공원이 있는데, 여

여수시 전경

수 지역은 두 국립공원을 모두 끼고 있다. 한려해상국립공원에서 '려'가 바로 여수의 여를 뜻한다. 다도해해상국립공원은 전라남도 목포부터 여수 근처까지 걸쳐 있다.

또한 여수는 '엑스포'라는 메이저 이벤트를 유치하면서 도시 경쟁력이 급격히 높아졌다. 여수에는 수준 높은 호텔들이 즐비하며, 이를 뒷받침할 수요도 풍부하다. 그 수요를 만드는 데 기여한 가수가 바로 버스커버스커이다. '벚꽃 엔딩'이라는 곡으로 유명세를 떨친 버스커버스커는 '여수 밤바다'라는 노래로 여수를 일약 전국구 관광 도시로 승격시켰다. 여수시는 여수 밤바다라는 콘텐츠를 잘 살려 관광지로서의 여수의 매력을 전방위적으로 홍보하고 있다.

다만 여수는 최근 관광지들의 단골 비판 거리인 바가지요금 논란에 시달렸다. 이는 여수가 꾸준한 스테디셀러 관광지로 자리 잡기 위해서 반드시 극복해 내야 할 논란이자 선결 과제이다.

앞선 사례에서 목포를 다루었지만, 여수까지 포함하여 전라남도의 미래가 그리 밝아 보이지만은 않는 것은 사실이다. 2019년 전라남도에서 '전라남도 청년의 종합 실태 조사'를 시행한 바 있는데, 앞으로도 계속 전라남도에 거주할 것이느냐라는 질문에 부정적으로 대답한 사람이 전체의 28.4%에 해당하였다. 전라남도를 떠나고 싶은 주요한 이유로는 46.5%가 더 나은 일자리를 꼽았고, 25.4%가 더 나은 문화 및 여가생활을 지적하였다. 다시 말하여 전라남도 청년들 처지에서 지방은 서울 및 수도권과 비교하여 자신들이 누릴 수 있는 인프라 측면에서 대단히 차이가 크다는 점으로 해석해 볼 수 있겠다.

그래도 호남 지방에서 여수는 여전히 메리트가 크고, 유려한 해상 관광자원만으로도 각광받는 곳이다. 여기에 엑스포를 염두에 두고 서울—여수행 KTX와 여수공항 등이 개발되는 교통 인프라도 상당히 개선이 되었다. 그래서 워케이션이나 지역 재생, 그리고 액티비티 등의 키워드와 묶어서 고려하는 것이 낫다. 향후 인공지능, 로봇, 사물인터넷 등 고도화한 테크놀로지가 인간의 노동력을 대체할 것이므로, 인간은 그로 말미암아 파생된 여가 시간은 어떻게든 소비를 해야 하며, 그 장소로 여수가 갖는 메리트는 분명하다. 이는 후술할 강릉도 마찬가지로 적용된다.

경상도에서는 부산이, 강원도에서는 강릉과 양양과 속초가 생각이 나듯이, 전라도에서는 여수가 가장 먼저 대중 인식에 떠오르는 곳이 되었다. 앞에서 서술하였듯이, 엑스포라는 국제적인 메이저 이벤트를 토대로 관련된 인프라가 깔리다 보니, 이로 말미암은 여행 및 관광 숙박 파급효과도 지속해서 늘어날 것이다. 때로는 서울과 너무 가깝거나 교통편이 너무 좋아도 서울로 '빨대 현상'이 일어나는데, 여수는 아름다운 절경의 남해안을 끼고 있는 전라도의 데스티네이션(종착지)으로서 그 가치가 무궁무진하다. 숙박의 수요적인 측면에서 전라선에서는 여수를 거점 지역으로 볼 수 있다. 이는 다시 말하여 전북특별자치도의 거점 도시 전주나 전라남도의 중심 광주광역시는 여수로 가는 중간에 잠시 들러서 점심을 먹고 관광하는 곳이고 숙박은 여수에서 하게 된다는 이야기다.

강원특별자치도 강릉과 양양

다음은 강원특별자치도의 핵심 도시 강릉이다. 강릉은 강원도에서는 원주와 춘천 다음가는 도시로, 강원도 3대 도시 중에 하나이다. 인구는 20만 명 남짓하지만, 동해안을 끼고 있고, KTX 강릉선의 개통으로 서울에서 접근성이 상당히 개선되었다. 이로 말미암아 서울 용산에서 강릉까지는 1시간 54분, 서울 청량리에서 강릉까지는 1시간 26분밖에 걸리지 않는다.

강릉의 장점은 바다 경관이다. 동해와 경포대를 끼고 있고, 서울 등 수도권과 접근성이 눈에 띄게 개선되어 인천광역시, 강화도, 강원특별자치도 속초시 등과 더불어 수도권에서 가장 가까운 해안가로 각광받고 있다. 또한 강릉은 강릉 커피와 초당 순두부 등 특색 있는 먹을거리로도 유명하다. 테라로사 등 퀄리티 있는 카페들을 필두로 내세운 강릉의 카페거리는 전국에서도 알아주는 수준이다. 이처럼 강원도의 해안가 지역은 서핑과 워케이션을 즐기기에 더할 나위 없이 좋은 입지로서, 서울 및 수도권과의 교통망이 촘촘해 지면서 최근 들어 더욱 각광을 받고 있다.

최근 MZ세대를 중심으로 뜨는 강원도의 도시 중 하나는 양양이다.

나날이 발전하는 강릉의 접근성

이 지위를 과거에는 춘천, 속초 등이 나눠 가졌다면, 요즘은 양양이 그 지분의 상당 포션을 가져간 느낌이다. 양양의 최대 강점은 최근 MZ세대를 중심으로 대세로 떠오른 서핑을 즐기기에 가장 좋은 해변을 보유했다는 점이다. 최근 들어 대한민국의 서핑 인구는 가파르게 증가하고 있는 추세를 보이고 있으며, 서핑은 인스타그램용 사진을 남기기에도 소위 말하는 뽀대가 나는 스포츠이다.

최근 몇 년 사이에 MZ세대의 '서핑 성지'로 거듭난 양양은 이를 중심으로 젊은 세대들이 클럽 문화까지도 즐길 수 있는 이른바 '핫 플레이스'로 발돋움하고 있다. 이러한 까닭에 최근 양양의 평당 땅값은 무섭도록 치솟았다. 한때 양양의 죽도해변은 150~200만 원짜리에 불과하였던 토지가 2,000만 원까지 치솟았고, 최근에는 심지어는 서울 도심 뺨치는 7,000만 원까지 올랐다는 뉴스도 나왔다. 강원도에 평당 7,000만 원이라니 아무리 생각해도 거품이 아닐 수 없다.

서핑의 인기도 언젠가는 주춤하겠지만, 서핑 붐을 따라 맛집 등 즐길거리가 양양에 확산하고 있기 때문에 양양의 인기는 당분간은 지속될 전망이다. 그러나 최근 강남 신사동 가로수길의 쇠락과 그에 따른 반사 이익을 가까운 거리의 세로수길이 고스란히 보고 있듯, 상권 트렌드는 이글을 쓰는 지금에도 시시각각 변하며, 이에 대한 지속적인 주시 및 관찰과 트렌드를 읽는 통찰력이 끊임없이 요구되는 시대이다.

그리고 우리나라 국민들의 레저 사이클을 살펴보면, 2000~2010년대에는 골프가 인기가 폭등해 골프존 같은 실내 골프 연습장 등이 우후죽순으로 생겨나고 실제로 그것을 즐기는 저변이 눈에 띄게 넓어질만큼

'국민 생활 스포츠'로 자리를 잡았다. 그런데 최근의 추세는 또 서핑과 테니스, 심지어 요트로까지 넘어가고 있다. 강원특별자치도 양양과 더불어 부산광역시 수영구나 기장군이 뜨는 이유도 비슷한 맥락이다.

대개 국민 소득이 올라갈수록 레저와 액티비티 활동이 늘어나며, 이에 더하여 '장르의 고급화'까지 일어난다. 이 카테고리에서 제일 럭셔리한 레저는 요트일 것이다. 요트에 소비하는 지출의 범위는 끝이 없다. 최근 중국도 부의 쏠림과 양극화 현상이 극심해지면서 부자들은 더욱 잘살고, 가난한 사람은 더욱 못살게 되고 있는데, 중국은 인구 표본이 원체 크기 때문에 중국에서 부자가 나올수록 중국과 가까운 서해안 도시들은 각광을 받을 수밖에 없다.

지금도 상하이나 베이징, 그리고 광저우 같은 중국 일선의 대도시들은 우리나라의 큰 도시들 못지않게 소득 수준이 올라간 상황이다. 이들 도시는 중국이 부자가 되면 될수록 메가 시티로서의 위상을 드높이게 될 것이며, 이에 따라 중국에서 부자들이 증가할수록 전북특별자치도 서해안에 자리한 새만금이나 충청남도 당진과 서산 같은 해안가 도시들은 덕을 볼 것이다. 중국의 거부들이 요트를 타고 우리나라를 방문하는 그림도 더 이상 꿈은 아닐 것이다.

기타 지역

전북특별자치도 군산은 필자가 최근에 구축을 매입해 꼬마호텔로 리모델링하여 투자를 하고있는 곳이다. 국가 기간 산업인 새만금 사업의 수혜를 직접적으로 받을 입지이기도 하다. 새만금에 인접한 도시는 세 군데가

새만금 시대의 중심 도시 군산의 입지

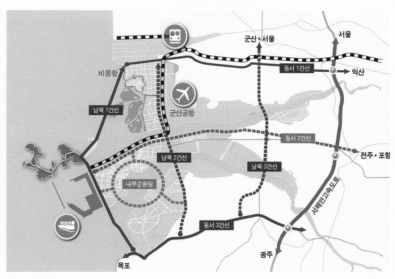

있다. 군산과 김제, 그리고 부안이다. 이 세 도시를 통틀어서 '김부군'이라고 하는데, 김부군 중에서도 가장 파괴력과 응집력이 강한 도시가 바로 군산이다. 2023년도 기준 김제시는 8만 1,502명, 부안군은 4만 9,255명으로, 두 도시를 합쳐도 군산 인구(26만 330명)의 절반도 되지 않는다.

이는 다시 말해 새만금의 인프라가 완전히 자리 잡기 전까지는 김부군에서도 가장 번화하고 학군까지 갖춰진 군산의 인프라가 유용하게 쓰일 거라는 이야기이기도 하다.

군산은 2017년 현대미포조선 조선소 폐쇄, 2018년 한국GM 군산 공장의 폐쇄 등의 겹악재를 맞으며 먹거리가 빠져나가고 인구까지 유출되면서 한때 대단히 어려운 시기를 보냈다. 그렇지만 코로나19 이후 조선업의 부활과 새만금의 지속적인 개발로 점차 안정을 찾아 나가고 있다.

관광지로서의 매력도 군산이 조금 더 가지고 있다. 군산은 한때 대한 민국 서해안에서 가장 큰 공업도시이면서 일본인들이 집단거주했던 적 산가옥이 많은 곳이다. 또한, 고군산군도, 시간 여행 마을, 군산근대역사 박물관, 경암동 철길마을, 신흥동 일본식 가옥(히로쓰 가옥), 진포해양테마 공원, 동국사, 초원사진관, 군산 삼일운동 역사공원, 채만식 문학관, 금 강 미래체험관, 군산내항, 오식도, 이성당 등 여러 관광 명소를 보유하고 있다.

어쨌든 필자는 상술한 군산의 미래 가능성을 군산시청 부근에 꼬마호 텔 투자를 감행하였다. 비교적 최근에 가족 법인으로 취득한 물건인데, 이 물건지에 대해서는 언젠가 상세히 설명할 기회가 있을 것이다.

4장

꼬마호텔
투자 리스크
관리 노하우

꼬마호텔은 고금리에 할 수 있는 부동산 사업이다

우리나라의 자산 보유 상태를 살펴보면 대부분은 부동산, 특히 실거주 아파트에 포트폴리오가 편중되어 있다. 아파트를 깔고 앉으면 단점이 하락기에는 처분이 쉽지 않다. 특히나 구축 아파트의 경우에는 건축 후 10년이 지나면 잘 팔리지 않는다. 원자재비, 인건비 등의 급등으로, 재건축 대상도 위치가 좋은 곳만 가능하다. 금리가 올라가는 금리 상승장에서 실거주 아파트를 에어비앤비로 돌리고, 전세나 월세로 이사를 가서 거주하면 더 많은 수익을 창출할 수 있는 것이다.

대출액 한도를 체크하자

　꼬마호텔을 현실적으로 대출 없이 투자할 수 있는 사람이 얼마나 될까? 꼬마호텔은 대출 자본 없이 자기 자본만으로는 투자하기 어려운 분야다. 물론 자기 자본으로 투자하면 리스크가 조금은 줄어들 수는 있겠지만, 시중 금리가 아주 높지만 않다면 활용할 수 있는 지렛대는 최대한 활용해야 수익률을 높일 수 있다. 시중 금리가 높더라도 임대를 통하여 수익을 예상해 보고, 거기에 시중 금리가 반영된 이자 비용을 차감하더라도 수익이 충분히 남겠다는 확신이 들 것이다.

　꼬마호텔 투자 초보들 중에서는 지금과 같은 시장 상황에서 금리가 올

꼬마호텔 투자 시 개인과 법인 대출의 차이점

구분		개인	법인
취득세율		4.60%	4.6% 또는 9.4%
소득세율		6.6%~49.5%	9.9%~26.4%
이월결손금		15년	15년
양도세율	1년 미만	5%	9.9%~26.4%
	2년 미만	44%	
	2년 이상	6.6%~49.5%	

라가면 어쩌나 하는 걱정부터 들 수도 있다. 그러나 최대 금리여도 크게 부담이 없는 투자가 꼬마호텔 투자이다. 평균적으로 1부 이자(12%)를 확보하고 가는 투자이기 때문이다.

꼬마빌딩은 금리가 올라가고 공실률이 늘어나면, 수익률이 3~4%도 나오지 않는다. 강남권인 경우에는 땅값이 워낙 비싸기 때문에 수익률은 더 떨어진다(약 2%). 그런데 꼬마호텔은 보통 1부가량(12%)의 수익률이 나온다. 그러니 어떠한 경제 상황을 맞닥트리더라도 리스크가 덜하고 높은 수익률이 나올 수밖에 없는 것이다.

호텔은 일세를 받는 비즈니스다. 통상적으로 수익은 연세에서 월세, 그리고 월세에서 주세, 일세로 갈수록 올라가게 마련이다. 결국 다시 본질이다. 주거의 개념에서 살펴보면, 사람은 어딘가는 머무르고 자야 하는 공간은 반드시 필요하다. 그래서 수요는 늘상 있을 수밖에 없다. 코로나19 팬데믹 같은 위기 상황에는 어떻게 하냐고? 이러한 비상사태 속에서는 관광객이 없으니 일세를 받는 것이 아무래도 어려울 수밖에 없는데, 그래도 어디서든 거주는 해야 하며, 잠은 자야 하기에 거주 수요만큼은 급격히 줄어들지는 않는다. 그래서 잘 판매되지 않는 일세방은 월셋방으로 전환하면 될 일이다.

특히나 판매를 하고 있는 건물이 자기 건물이면 어떤 상황에서든 문제는 없다. 꼬마호텔은 음식점 등 어떤 다른 업종보다 안전한 분야이다. 음식점, 옷가게 등이 다 망하더라도 꼬마호텔이 망할 위험성은 거의 없다고 보아도 무방하다. 꼬마호텔 역시도 리스크에 대한 두려움을 떨쳐내고 리스크를 헷지하여 발 빠르게 점유하는 자가 성공의 과실을 맛볼 수 있다.

고금리에 할 수 있는 부동산 사업

시장 변동성과 금융 위험에 대한 관리와 대처도 중요하다. 뒤에서도 상세하게 설명하겠지만, 이에 대한 대처는 일단 꼬마호텔의 높은 수익률로 커버할 수 있는 측면이 있다. 꼬마호텔의 수익률은 1부에 이른다. 코로나19 팬데믹 시기에도 방어할 수 있는 거의 유일하다시피한 투자 수단이었다. 효율적인 객실 운영을 통하여 고금리 상황에서도 수익률을 낼 수 있다는 장점이 존재한다.

우리나라의 자산 보유 상태를 살펴보면 대부분은 부동산에 포트폴리오가 편중되어 있다. 대부분 가구당 자산이 아파트 등 실거주하는 부동산에 쏠려 있으며, 비율은 70~80퍼센트는 족히 될 것이다. 이렇게 아파트를 깔고 앉으면 단점이 하락기에는 처분이 쉽지 않다는 점이다. 게다가 최근에는 몇 년 동안 계속하여 고금리 기조로 가고 있기 때문에 사람들이 아파트 등 주택을 매수하는 데 부담을 느끼고 꺼리게 된다. 오를 때는 많이 오르고 환금성도 뛰어난 아파트이지만, 하락기에는 다른 투자를 제약하는 계륵이 되는 것이다.

아파트 같은 고정 실거주 부동산을 깔고 앉은 이들에게 에어비앤비는 오히려 대안이 될 수 있다. 금리가 올라가는 금리 상승장에서 실거주 아파트를 에어비앤비로 돌리고, 전세나 월세로 이사를 가서 거주하면 더 많은 수익을 창출할 수 있다.

예를 들어 자가 아파트에 방에 세 개가 있다고 치면, 하나에 1박 기준 5만 원은 받을 수 있고, 한 달 30일 만실이면 방 하나당 150만 원의 수익을 얻을 수 있는 것이다. 만약에 독채의 경우에는 통째로 빌리는 데 20만 원가량을 받기도 한다. 그리고 방이 세 개이면 산술적으로는 450만 원까지 가능한데, 만실이 쉬운 일은 아니므로, 70~80퍼센트 정도 돌릴 수 있다고 가정하였을 때 최소 315만 원에서 최대 360만 원까지는 초기 세팅을 제외하고 그 이후에 아무것도 하지 않아도(객실 청소와 관리는 당연히 해야 한다), 창출해 낼 수 있다. 저기서 방 하나를 자기가 쓴다고 하면 수익률은 더 떨어질 테지만, 나머지 방 두 개만으로도 얼추 200~300만 원의 수익은 낼 수 있다는 계산이 나온다.

부가적으로 자기 방을 쓰면서도 다른 나라의 여행객들과 교류하면서 언어와 문화적인 측면에서 상호 교류도 할 수 있고 크나큰 메리트를 누릴 수 있다. 그들이 열광하는 K-팝(POP) 콘서트를 대행으로 예약해서 수수료도 받을 수 있고, 서울 주요 관광지를 현지인의 메리트로 가이드하여 아르바이트비도 벌 수 있는 일석삼조의 부업이 아닐 수 없다.

어찌 되었든 상기의 이유들은 오히려 꼬마호텔 투자가 더욱 메리트로 다가오는 이유들이기도 하다. 특히나 60대 이상의 연령층들에게는 월 수백만 원은 대단히 큰 돈이 아닐 수 없다. 아르바이트를 하더라도 쉽게 얻을 수 없는 수익이다. 그들은 노후 연금을 받으면 기본적으로 100만 원에서 200만 원은 나오는 데다가, 소비를 그리 많이 하는 성향도 아니다. 100~200만 원의 기본 소득에서 수백만 원 안팎의 추가 수익을 얻는다면, 월 400만 원에서 500만 원 정도의 안정적인 수익을 얻을 수 있게 된다.

개인과 법인 중 뭐가 나을까

개인 사업자냐 법인 사업자냐에 따라 투자 메리트와 방식이 달라진다. 우선 법인일 때를 먼저 살펴보도록 하겠다.

법인은 기존 법인과 신규 법인으로 나눌 수 있다. 신규 법인은 부동산 매입 시 대출을 유리하게 받기 위하여 설립하는 경우가 대다수이다. 기존의 업을 유지하고 있으면서 부동산 임대업이 추가된 법인도 다수 존재한다. 법인의 경우에는 취득세 중과 대상이 되기도 한다. 본점이 수도권 과밀 억제 권역에 위치해 있고, 설립한 지가 5년 이하라면 과밀 억제권역 내에 있는 꼬마호텔 물건을 매입할 경우 취득세가 두 배 이상으로 중과된다.

대출을 많이 받거나, 개인과 분리하여 매입을 고려한다면 법인 소재지를 지방으로 삼는 것이 좋다. 다만 서울에서도 제한적으로 허용하는 경우가 있는데, 금천구 가산동과 구로구 구로동의 경우가 바로 그러하다. 이 두 지역은 산업단지 지정에 관한 혜택이 적용된다. 건물분에 해당하는 부과세는 반드시 납부해야 하는 것은 아니다. 대개는 포괄 양도 양수를 적용하여 거래를 한다. 이 경우에는 건물분에 해당하는 부과세를 내지 않아도 된다.

숙박업의 경우에는 보통 집기와 직원까지 다 인수하는 경우가 있는데, 인수자 입장에서도 계속 영업을 지속시켜야 하므로 포괄양도양수에 관한 계약을 진행한다. 그러나 매도인이나 매수인이 포괄 양도 양수를 원하지 않는다면, 건물분 부가세를 따로 납부해야 한다. 설령 납부를 하더라도 부가세 환급을 통하여 돌려받을 수 있다.

매수하려는 주택의 규모가 작은 경우라면, 12억 원까지는 비과세 혜택이 적용되므로 크게 신경 쓰지 않아도 된다. 그러나 이보다 덩치가 큰 경우라면 더욱 면밀한 검토가 필요하다. 세금 문제는 시점에 따라 자주 달라지므로, 혼자 고민하기보다는 비용을 지불하더라도 전문가인 세무사에게 문의하는 편이 낫다. 요새는 세무통, 찾아줘 세무사, 땡큐지 세무, 세모장부(세무사 1:1 진단), 나만의 세무비서 택스비 등의 애플리케이션을 통하여 비교 견적이 가능하기 때문에, 1명의 세무사에게만 세무 상담을 받기보다는, 최소 두세 명 정도의 전문가에게 상담을 받고 절세 전략을 잘 구축해 보는 것을 추천 한다. 필자 역시도 세금에 무지하여 수익을 극대화시키지 못하였던 초보자 시절이 있기 때문에, 이 책을 읽는 독자분들은 시행착오를 줄이기를 바라는 마음에서 추천 하는 방법이다.

요컨대, 개인과 법인 중에 어느 것이 낫느냐는 질문은 투자자가 처한 상황과 환경에 따라 '케이스 바이 케이스'이다. 주택은 한 채에 12억까지 비과세이므로, 이 부분을 적절히 활용한다면 투자에 유용하게 활용할 수 있다. 참고로 1가구 1주택의 경우에는 100퍼센트 비과세이니 개인이 더 낫다. 임대는 이런 문제가 전혀 없다. 다만 임대는 계약서를 잘

써야 하고, 건물주와의 관계도 좋아야 유리하다. 그리고 사업 현황과 개요, 그리고 건물의 기본 구조와 운영기간 등 세부 항목들을 특히나 더 면밀하게 살펴봐야 한다. 특히, 운영을 오래한 숙박시설의 경우, 눈에 보이지 않는 전기, 설비 부분의 배관이나 온수의 하자로 많은 비용이 추가로 들어갈 수 있어 뒤늦게 확인이 된다면 많은 비용으로 후회가 막심해지기 때문이다. 투자 규모를 크게 가져갈 경우에는 법인으로 투자하는 편이 더 낫다. 법인으로 한다는 사실 자체가 성실 신고 대상 되면 규모가 커지는 것이니 어떻게 보면 당연한 이야기이다.

사업 계획 승인과 인허가까지

　사업 계획 승인과 인허가 과정을 알아보도록 하자. 일단 투자할 물건의 종류에 따라 과정이 다르다는 점을 알아두자. 도시 민박업과 일반숙박업, 그리고 관광숙박업 크게 세 종류이다. 도시 민박업은 쉽게 말하여 한옥 같은 사례이다. 필자가 운영하였던 서울 종로의 한옥이 대표 케이스이다. 두 번째인 모텔업은 일반 숙박업으로 들어간다. 세 번째인 호스텔은 현재 운영하고 있는 종로구 와룡동의 호스텔코리아 호스텔이다.

　사업 계획서부터 살펴보자. 사업 계획서는 쉽게 말하여 향후 개발 계획이 실현이 되었을 때 어떻게 사업지가 완성되는지를 미리 알려주는 서류라고 보면 된다. 그래서 아무리 가설계라고 하더라도 건축 도면이 다 나와야 한다. 간단하게 생각하면 완성될 호텔을 미리 서류로 이미지를 만들고 해당 물건지가 소재한 구청이나 시청에 인허가를 받는 과정이라고 보면 이해하기가 쉽다.

　사업 계획서에는 사업 개요와 취지뿐만이 아니라, 운영 계획도 삽입이 되어야 한다. 예를 들어 아파트로 따지면 어떻게 운영되고 어떻게 쓸 건지가 나와야 한다. 관광 호텔의 경우에는 지방의 낙후된 구도심을 재생

한다는 명목으로 문화관광부의 예산을 끌어올 수 있다.

관광숙박시설은 보통 규모가 크고 내외국인 관광객을 대상으로 운영하는 시설이라 일반 숙박업에 비할 바 없는 막대한 자금이 투자되기 때문이다. 이렇게 정부 기관의 보조가 들어가는 물건들은 저리 대출을 받아 저렴한 가격에 사업을 추진할 수 있다는 이점이 있지만, 일반인들이 하기에는 아무래도 쉽지가 않다.

사업 계획이 수립되고 승인되었다고 해서 다 신축이 되는 것은 아니다. 아무래도 자금과 관련된 부분이라 신축하지 못하고, 중간에 자금줄이 말라서 중단되는 경우도 적지 않다. 우리 주변에 잘 올라가고 있던 신축 건물이 어느 순간 공사 진척이 되지 않는 풍경을 이따금씩 목격할 수 있을 것이다. 이러한 경우가 위의 사례에 해당한다. 이때는 경매나 공매로 넘어가기도 한다.

공동 투자도 방법이다

　꼬마호텔 투자는 반드시 혼자만 해야 한다는 법은 없다. 가용한 자금이 부족할 경우에는 지인들과 함께 하는 '공동 투자'의 형태도 하나의 방법이 된다. 이러한 공동 투자는 장단점이 확실하다. 우선 장점으로는 소액으로도 가능하다는 점이 있다. 공동 투자를 하는 가장 큰 이유가 아닐까 싶다. 두 번째로는 리스크 및 책임 소지의 분담이 있겠다. 공동으로 투자하는 만큼 위험성을 혼자 떠안지 않게 된다. 혹시나 모를 리스크에 대한 심리적, 물질적 부담감을 분담할 수 있다. 서로 각자가 가진 어떤 전문가적인 요소를 더하여 시너지를 창출할 수 있다는 점이 크나큰 메리트이다. 예를 들어 세무, 인테리어, 운영, 경매, 부동산 투자는 제각기 영역이 다르다. 필자가 제주도에 체크인 호텔을 투자할 때도 각자 다른 전문가들이 연합을 하였고, 필자 같은 경우에는 '호텔 운영 전문가'로서의 카테고리로 지분을 투자하였다. 이뿐만이 아니다. 양도세 등 세금에서도 공동 투자 시에 절세할 수 있는 부분이 적지 않다. 양도세는 그 세금의 특성상 양도금액이 많아질수록 커지게 마련이다. 이는 일반 부동산에서 양도세를 아끼기 위하여 부부 공동 명의로 하는 투자가 많은 것만 보더라도 잘 알 수 있는 대목이다.

한편으로는 이 점들을 역으로 뒤집으면 그것이 바로 단점이 된다. '사공이 많으면 배가 산으로 간다'라는 옛말이 있듯이, 공동 투자의 경우에는 지분 투자로 들어간 사람들이 많기 때문에, 그리고 필자의 공동 투자 사례의 경우에도 다 저마다 전문가이기 때문에 의사 결정이 잘 되지 않는다는 단점이 있다. 둘째로, 수익 실현 시 저마다 돌아가는 수익 할당량이 생각보다 적을 수 있다는 점이다. 그래서 처음부터 공동 계약서를 잘 짜고 들어가야 하는 부분이 있다.

최근에는 애플리케이션과 온라인을 기반으로 하는 부동산 디벨로퍼 A 업체가 하나의 모범 사례로 자리잡고 있다. 앞에서 언급하였듯이, 각자 전문 분야 전문가들이 하나의 운영 법인을 만들고 일반인들이 어려워하는 운영과 인테리어를 위탁 대행하고 수익과 매각 차익을 안분하는 방식이다. 예를 들어 신규 투자할 10억 원 짜리 꼬마호텔이 생긴다면, 신규로 법인을 설립하고 10억 원을 10개의 투자 지분으로 나누어 개인당 1억 원씩 넣으면 되는 구조이다. 그 대신 막연한 운영이 아닌, 3년이든 5년이든 나름의 정확한 기간을 산출하여 엑시트 전략까지 실행하는 것이 A 업체의 전략이다.

필자는 호스텔코리아를 운영하면서 앤호텔의 프리미엄 공동 투자 프로젝트를 수행한 바가 있다. 그 당시 프로젝트의 콘셉트는 '5,000만 원으로 호텔 건물주 되기'였다. 프리미엄 호텔의 사업 기획부터 설계와 브랜딩, 그리고 운영까지의 모든 과정을 경험하며 안정적인 운영 수익은 물론이고, 매각 차이까지 누릴 수 있는 실전형 공동 투자 과정이었다. 상술하였듯, 매달 입금되는 투자 수익과 매각 시 추가 차익까지 맛볼 수 있다는 점에서 대단히 매력적인 프로젝트였다고 자부한다. 그 당시 기준으로 15개의 숙박 시설을 직접 개발하였고, 300개의 객실을 운영하며, 90%의 OCC(객실 가동률, 숙박과 대실 이용률 포함)를 달성했다.

당시 프로젝트는 다음과 같은 과정으로 진행하였다. 우선 첫 번째로 부동산을 급매와 경매로 낙찰받아 매매 계약을 성사시켰다. N호텔이 상권을 분석하고 계약금을 N호텔에 납입하는 방식이다. 두 번째로 최소 자본금 5,000만 원으로 투자 가능한 공동 개발 설명회를 열고 투자금을 유치하였다. 세 번째로 소유 법인의 주주로 참여할 수 있는 구성원들을 선발하였다. 네 번째로 공간 기획과 설계, 그리고 브랜딩과 용도 변경 인허가까지 시행하였다. 다섯 번째로 은행 대출을 실행하였고, 여섯 번째로 도급 계약과 공정 관리 등 시공에 돌입하였다. 일곱 번째로 운영 마케팅 병행, 운영 리포트 공유, 운영 수익을 배분하는 운영 단계를 거쳤고, 마지막 여덟 번째로 사업 성과를 공유하여 수익을 나누는 매각 단계로 설계하였다. 공동 개발 프로젝트의 투자자들이 투자한 자본으로 공동 개발 프로젝트 법인을 설립하고, 이 법인에서 엔호텔에 PM 수수료를 지급하는 구조였다. 엔호텔은 PM 수수료의 대가로 PM 서비스를 공동 개발 프로젝트 법인에 제공하였다. 공동 개발 프로젝트 법인은 해당 프로젝트의 투자자들에게 수익을 배분하는 구조였다.

이 프로젝트를 추진하면서 필자는 다른 투자에는 없는 다섯 가지 리스크 감소 요인을 어필하였다. 우선 첫 번째로 '인허가 리스크'가 없었다. 두 번째로 '채무 리스크'가 없었다. 세 번째로 '미분양 리스크'가 없었다. 네 번째로 '시공 리스크'가 없었다. 마지막 다섯 번째로 '운영 리스크'가 없었다. 인허가부터 개발 및 운영까지 원스톱으로 다 할 수 있는 전문가 집단이기에 가능한 메리트들이었다.

그 당시 필자가 추진하였던 사업 방식은 이제 많은 업체들이 진행하고 있다. 다만 필자와의 차이는 상술하였던 A 업체의 경우에는 각 분야의 전문가들이 지식과 실무의 컨소시움을 형성하여 전문가 연합 형태로 운영하고 있다는 점이다. 가령 30억 원 예산 규모의 호텔을 런칭한다고 치자.

이때 해당 예산의 30퍼센트, 즉 자기 자본금 9억 원만 있으면 나머지 21억 원은 대출로도 충당이 되니 법인 설립이 가능하다. 9억 원을 혼자 투자하는 것이 아니고, 공동 투자 성격으로 간다면 1억 원 안팎으로도 충분히 할 수 있다. 여기서는 계산이 쉽게 투자금 5억 원 중에서 20퍼센트에 해당하는 1억 원을 투자한다고 가정해 보자. 이랬을 때 수익이 한 달에 1,000만 원이 나온다면 내가 가져갈 투자금은 월 200만 원이 된다는 계산이 나온다. 1억 원을 투자하여 월 200만 원이면 연간으로는 2,400만 원이고, 이런저런 세금을 다 공제하더라도 연 수익률 16~17% 정도는 나오니 이만한 투자도 없는 셈이다. 참고로 상술하였던 수준의 금액으로 충남 천안권에 투자를 할 경우에는 객실 20~30개 수준으로 매입이 가능하다.

세금 폭탄을 맞지 않으려면

　세금은 대출과 함께 부동산 투자의 3대 핵심이다. 세금을 모른다면 이익률을 높이기 어렵다. 더군다나 지난 정권에서 다주택자들에게 불리한 세금 정책들이 쏟아지면서 어려움을 겪었는데, 현 정권에서도 세금 관련 정책을 과감히 풀지 않고 있는 상황이다.

　어찌 되었든 현재까지도 징벌적 성격의 과세가 유지 및 시행되고 있기 때문에 부동산을 하려면 세금에 대해 잘 알고 시행해야 하며, 본인이 모르더라도 세무사 등 주변 전문가를 통하여 세금 상담은 필수로 받아봐야 한다. 세무 비용 몇 푼을 아끼려다가 도리어 엄청난 액수의 세금 폭탄을 맞게 될 수도 있기 때문이다.

　부동산은 매수할 때부터 세금이 부과된다는 특징을 갖고 있다. 집을 살 때는 취득세가, 집을 갖고 있을 때는 재산세와 종합부동산세가, 세입자에게 세를 놓을 때는 임대소득세가, 집을 팔 때는 양도소득세를 내야 한다. 과정별로 이토록 다양한 종류의 세금이 발생하니 자칫하면 얽히고 설켜 세금 폭탄을 맞게 될 가능성도 다분하다.

　또한 지난 몇 년 동안 부동산 시장을 규제하기 위하여 대한민국 정부가 매해 양도세법을 개정하게 되면서 양도소득세 계산은 더욱 복잡하고 어려워졌다. 억울하게 세금을 더 내고 싶지 않다면, 납세자가 어느 정도 세금 지식을 가지고 있어야만 한다. 세금은 아는 만큼 보이고, 보이는 만큼 절세할 수 있다는 것이 사실이기 때문이다.

꼬마호텔 역시도 취득 시와 보유 시, 그리고 양도 시에 세금 납부를 어떻게 해야 하는지, 그리고 절세에 관한 내용을 숙지하면 수익 측면에서 대단히 유리하다. 꼬마호텔은 꼬마빌딩에 포함되기에, 세금 관련도 상가 건물 매입 시 부담해야 하는 세금으로 알아 보면 무방하다. 이 역시도 일반 부동산 매수 시와 크게 다르지 않다. 빌딩 건물에 대한 세금은 크게 세 가지인데, 첫 번째로 취득 시 발생하는 취득세와 건물에 매겨지는 부가세를 들 수 있다. 두 번째는 보유세이다. 재산세, 종합부동산세가 여기에 해당한다. 마지막으로 매도 시 발생하는 양도소득세이다.

이처럼 세금 개념을 충분히 이해하고 꼬마호텔 매입 시 매해 내야 하는 재산세를 스스로 계산할 줄 알아야 한다. 그리고 추후 매각 시점에 양도소득세를 얼마나 내야 하는지도 알아야 차익 실현에 한 발 더 다가설 수 있다.

취득세는 꼬마호텔을 매입하게 되면 최우선으로 접하게 되는 세금이다. 취득세율은 4.6%인데, 이중 순수 취득세는 4%, 농어촌특별세가 0.2%, 지방교육세가 0.4%이다. 신축이나 상속을 받을 시에는 취득세율이 3.16%로 크게 줄어든다. 이 대목에서 이야기하는 꼬마호텔은 주택이 없는 용도의 물건을 이야기한다. 반면 주택이 있는 상가주택의 경우에는 주택 부분은 주택으로 과세하게 된다. 이 책에서는 꼬마호텔에 관한 내용을 주로 다루기 때문에 주택에 관한 부분은 이 정도로 갈음하도록 하겠다. 참고로 2021년 제1금융권을 기준으로 상가 주택의 경우에는 주택 부분이 50%를 넘어가면 대출이 불가능하다. 참고로 주택이 없는 상가 건물의 경우에는 70퍼센트까지 대출이 가능하다.

다음은 보유세이다. 앞서 언급하였듯, 보유세에는 재산세와 종합소득세가 있다. 우선 재산세는 납세자가 소유한 재산의 경제적인 교환 가치에 담세력을 두어서 과세하는 조세를 의미한다. 토지, 건축물, 주택, 선박, 항공기를 대상으로 하며, 과세 기준일인 매해 6월 1일을 기점으로 실제 재산을 소유하고 있는 실소유자에게 부과되는 세금이다. 예를 들어 5월 중에 계약하였고, 6월에 잔금을 치러야 한다면, 6월 1일은 기존 매도인이 실제 소유자이니, 기존 매도인이 부과하는 것이 맞다.

조금 더 자세한 이해를 위하여 재산세의 과세 표준과 세율에 대하여 살펴보겠다. 재산세의 과세 표준은 다음과 같다.

> • 토지, 건축물, 주택: 시가 표준액 × 공정시장가액비율
>   * 토지: 공시지가 × 면적 × 70%
>   건축물: 시가표준액 × 70%
>   주택(부속 토지 포함): 주택 공시가격 × 60%
> • 선박, 항공기: 시가 표준액

다음은 세율이다.

> • 토지: 0.2~0.5%(종합 합산, 별도 합산, 분리 과세 대상에 따른 3단계 누진세율)
> • 건축물: 0.25% * 골프장, 고급오락장용: 4%, 주거 지역 등 공장: 0.5%
> • 주택: 0.1~4%(4단계 누진세율) * 별장: 4%
> • 선박: 0.3% * 고급 선박: 5%
> • 항공기: 0.3%

한편, '세부담 상한제'라는 것도 알아두면 좋다. 세부담 상한제란 당해 연도 재산세액이 전년도 재산세액 대비 일정 비율을 초과하여 증가하지 않도록 한도를 설정하는 것을 이야기한다. 토지와 건축물은 150%, 주택은 공시가격 3억 원 이하의 105%, 3억 원에서 6억 원 사이는 110%, 6억 원 초과 시에는 130%가 각각 매겨진다.

세액 산출 방식은 다음과 같다. 시가 표준액과 공정시장가액비율을 곱한 과세표준을 다시 세율과 곱하면 산출세액이 나온다. 여기에 세부담 상한을 적용하면 결정세액이 산출된다.

재산세는 건물분과 토지분으로 나누어지는데, 우선 토지의 경우에는 개별공시지가를 확인한 뒤 종합 증명서 열람 발급을 클릭한다. 참고로 개별공시지가는 포털 검색창에서 '일사편리'를 치면 그것을 활용하면 된다. 공정시장가액비율을 70%로 적용한 뒤, 세율을 적용하면 되는데, 이때 과세 표준 금액은 2억 원 이하의 경우에는 0.2%, 2억 원 초과 10억 원 이하의 경우에는 0.3%, 10억 원 초과의 경우에는 0.4%가 각각 적용이 된다.

납부 기한은 다음과 같다.

과세 대상	납부기한	납부방법	소관기관
건물분 재산세	7월 16~31일	고지납부	시청, 군청, 구청
주택분 재산세 1/2			
토지분 재산세	9월 16~30일		
주택분 재산세 1/2			

과세 표준은 다음과 같다.

구분	과세대상	시가표준액 재산세과표	재산세과표
주택분	주택과 부속토지	주택공시가격	시가표준액 X 공정시장가액비율
건물분	일반건물	지방자치단체장이 결정한 가액	시가표준액 X 공정시장가액비율
토지분	종합합산토지 별도합산토지	개별공시지가	시가표준액 X 공정시장가액비율

건물의 경우에는 시가표준액을 포털 사이트에서 위택스 홈페이지를 검색한 후 최상단 오른쪽 지방세 정보에서 시가 표준액을 조회한다. 거기다가 주소를 입력한 뒤 확인한다. 서울의 경우에는 포털 사이트에서 서울시 이텍스를 검색한 뒤 ETAX 이용 안내에서 조회/발급을 클릭하고 최상단의 주택외건물시가 표준액 조회를 클릭한다. 공정시장가액비율 70%와 세율을 적용한다. 이때 일반 건축물일 경우에는 0.25%를 일괄로 적용한다.

종합부동산세 같은 경우에는 빌딩 건물의 토지 공시지가 합계액이 80억 원을 초과할 때 부담하게 된다. 공시지가가 80억 원이니 대다수의 빌딩 건물주들은 종합부동산세는 내지 않고 있다고 보아도 무방하다. 특히나 꼬마호텔의 경우에는 매매 가격이 50억 원 이하가 통상적이기 때문에 더욱 그러하다.

종합소득세는 매해 5월 주소지 관할 세무서에 신고하여 납부해야 한다. 이때 전년도의 모든 소득을 합산하여 신고하게 되는데, 건물을 보유한 소유주는 임대 소득이 합산되고 건물을 매매한 사람은 양도소득을 내게 된다. 양도소득세는 종합소득세 합산이 아닌 분류과세이다.

사실 양도소득세는 너무 복잡하게 생각할 것이 없다. 요즘에는 국세청 홈페이지에 들어가서 모의 계산을 편리하게 할 수 있다. 가장 간단하게 계산할 수 있는 방법이다. 포털 사이트 검색창에 홈텍스를 친 뒤 홈텍스 홈페이지로 들어가서 오른쪽 하단에 보이는 '모의 계산'을 클릭한다. 그리고 왼쪽 상단에 보이는 양도소득세 자동 계산을 클릭한다. 로그인이 가능하다면, 로그인 계산하기를 클릭하고, 그렇지 않으면 비로그인 계산하기를 클릭한다. 바뀐 화면에서 기본사항부터 차례대로 입력하면 된다. 기본사항을 입력한 뒤, 취득가액을 입력할 때는 조회 클릭 시 화면이 바뀌게 된다. 시일이 오래되어 비용 처리되는 항목의 금액이 모호할 경우에는 공란으로 두고 넘어가면 된다. 건물 매수 시에 제출하였던 법무사 비용을 비롯하여 중개 보수 영수증, 비용처리 항목 등의 취득세 납부 영수증은 갖고 있을 터이니, 모의 계산된 금액보다는 실제 내는 세금이 더 적을 것이다.

또한 꼬마호텔 중 관광 호텔은 가업 승계가 가능하다. 도시민박업은 주택으로 12억 원까지 비과세로 들어가 절세할 수 있다. 다만 일반숙박업은 가업을 승계할 수 없음을 명심하자.

이처럼 꼬마호텔을 시작하려면 애초에 처음부터 세금 구조를 잘 짜고 들어가는 것이 좋다. 필자는 숙박업에 발을 내디뎠던 초창기에 세금 구조를 잘 짜고 들어가지 못하여 매도할 시점에서 낭패를 보았던 기억이다. 독자 여러분만큼은 필자가 겪었던 시행착오를 겪지 않았으면 하는 바람에서 이 부분은 한 번 더 강조하고 싶다.

세금 폭탄을 피하기 위한 기본 계획으로는 첫 번째 세테크(세금 재테크), 두 번째 매보매 5년 계획을 추천하는 바이다. 매보매 즉, 매입 전략, 보유 전략, 매도 전략을 포함하여 5년을 넘지 않아야 한다. 이에 대해서는 유튜브에 검색하면 많은 정보들이 나와 있다. 아울러 네이버 카페도 잘 되어 있으니 가입하여 정회원이 되면 다양한 정보들을 얻을 수 있다. 필자가 추천하는 유튜브와 네이버 카페는 에어비앤비 카페이다.

5장

부가가치를
창출하는
운영 노하우

**에어비엔비부터 경험을 시작해보고
믿을 수 있는 대행업체 선정도 고려해 보자**

운영과 관리는 가장 중요한 부분 중 하나다. 꼬마호텔 운영 및 관리는
다른 건물과 크게 다르지 않지만, 숙박업소라는 점에서 특징이 있다.
처음부터 너무 과한 비용을 투입하기보다는, 적절한 비용으로
최고의 가성비를 내는 전략으로 관리에 공을 들여 보자.

꼬마호텔 운영과 관리

어느 분야나 마찬가지로 운영과 관리는 가장 중요한 파트 중 하나다. 꼬마호텔 운영 및 관리는 다른 건물과 크게 다르지 않지만, 숙박업소라는 점에서 특징이 있다.

다만 뒤에서 더 상세하게 설명하겠지만, 개인화되고 나노화되는 요즘 같은 시대에 천편일률적인 호텔 운영은 서로의 파이를 뜯고 나누는 치킨 게임 경쟁으로 치달을 수 있다. 쉽게 말하여 가격 경쟁으로 내몰린다는 것이다. 비슷비슷한 조건하에 놓인 호텔끼리는 결국은 가격이 선택의 절대적인 기준이 될 수밖에 없기 때문이다. 깨끗하고 편안한 잠자리 제공은 호텔업의 본질과도 다름이 없지만, 이것만으로는 경쟁력이 약한 것이 요즘 시대이다. 본질 이외의 서비스와 감동을 고객들에게 제공한다면, 고객 만족도 역시도 몰라보게 늘어날 것이다. 호텔의 기본 기능인 컨시어지 서비스를 넘어서 고객과 로컬 커뮤니티를 연결해 주는 '투어리즘 허브'로서의 역할까지 해준다면 고객은 저절로 감동을 표현할지도 모른다. 나아가 호텔 운영자와 게스트가 친구가 될 수 있을 만큼 감동적인 이벤트를 선사한다면, 이런 숙소는 게스트의 뇌리에 강하게 기억되고 각인

될 수밖에 없다.

OTA와 시설 관리

OTA(Online Travel Agency)는 '여행자들을 위한 숙소를 찾아주는 온라인 여행사'를 의미한다. 대표적으로 에어비앤비가 있다. 에어비앤비는 글로벌 OTA, 즉 관광 산업을 주축으로 하는 숙소와 여행 예약 플랫폼이다.

스타티스타 모빌리티 마켓 아웃룩(Statista Mobility Market Outlook)에 따르면 에어비앤비 같은 글로벌 OTA는 유망 중소 OTA 인수합병을 통해 지속적으로 대형화하는 추세이다. 2020년에는 4개 OTA 그룹사(익스피디아 그룹, 부킹홀딩스, 트립닷컴, 에어비앤비)가 온라인 여행 시장의 97%를 과점하는 형태로 성장해 나갔다. 이중 The Priceline Group이 전신인 부킹 홀딩스는 온라인 여행 시장의 세계 1위 자리를 유지하고 있다. 인수합병을 통해 사업 영역을 확장한 부킹 홀딩스는 숙박, 자동차 렌트, 가격 비교 등 여행과 관련된 다양한 온라인 예약 플랫폼 시장을 선점하고 있

4개 그룹사 시장 점유율

부킹홀딩스(36%)　익스피디아(28%)　에어비앤비(18%)　씨트립(15%)

으며, 브랜드별 주력 시장이 구분되어 있어 세계 시장에서 경쟁력을 키워 나가고 있다. 여기에 우리나라가 야놀자를 중심으로 시장 파이를 넓혀 나가는 중이다. 야놀자는 나스닥 상장이 예정되어 있다.

이러한 온라인 여행 예약 플랫폼의 시장 규모는 2027년에는 2020년 대비하여 무려 89.8%나 성장할 것으로 예측되고 있다. 2020년 약 5,170억 달러에서 7년 뒤에는 9,830억 달러로 두 배 가까이 커지는 셈이다. 세계 각국의 유망 OTA 및 중소 개별 OTA를 합병하여 덩치를 키워온 글로벌 OTA는 국내 여행업에도 지대한 영향을 미쳤는데, 이들의 시장 진출 이후 시장 다변화, 전통 여행사 등의 예약 플랫폼 도입, 스타트업들의 트래블 테크 기업으로의 전환 등의 변화가 일어났다.

예약관리

에어비앤비는 실은 다른 온라인 여행사처럼, 공급과 소비자를 연결하는 ICT 플랫폼에 불과하다. 그럼에도, 에어비앤비가 공유 경제의 대표 기업으로 불리는 이유는 바로 에어비앤비가 지향하고 실행하는 콘셉트 때문이다. 에어비앤비 플랫폼 생태계 내에서 숙소 공급자는 바로 '기업(business partner/hotel)'이 아닌 '개인(person/host)'이다. 그렇기 때문에 원한다면, 게스트도 언제든 호스트가 될 수 있는 것이다. 에어비앤비는 플랫폼으로 사이에 끼어있을 뿐, 공급자와 수요자 간의 경계가 없다. 한마디로 다른 OTA는 B2P(Business to Peer), 에어비앤비는 P2P(Peer to Peer)의 특징을 갖는다는 것이 차이점이다.

참고로 에어비앤비에서는 방 1개를 1개의 숙소로 등록할 수 있다.

참고로 과거에는 숙소 단위 등록이 되지 않았는데, 현재는 가능하다.

다른 OTA 같은 경우에는 숙소를 등록하고, 룸 타입별로 방 개수를 설정할 수 있다.

외국뿐만 아니라, 우리나라에서도 에어비앤비에 대해서는 찬성–반대 여론과 합법–불법 이슈가 계속하여 불거지고 있는데, 이는 중개 대상물이 '여행지의 숙소'임에도 불구하고 관광산업 내 상업 시설(호텔, 호스텔, 모텔 등)뿐만이 아니라 개인의 주택을 중개하기 때문이다.

에어비앤비는 나아가 단순 숙소뿐만이 아니라 호스트(Host)에 의해 만들어지는 관광 상품도 중개한다. 에어비앤비 트립(airbnb trip)이 바로 그것이다. 에어비앤비 트립은 호스트가 직접 여행 코스 등의 상품을 디자인하고 만들어 판매하는 것이 특징이다.

시설관리

시설 관리는 요즘에는 대행해 주는 플랫폼들이 과거에 비할 바 없이

인테리어 등의 견적을 받아볼 수 있는 숨고 플랫폼

너무나도 잘 되어 있어서 오히려 걱정이 없는 수준이다. 필자가 애용하는 대표적인 플랫폼으로는 숨고(Soomgo)가 있다. 숨고는 실시간으로 비교 견적을 받을 수 있고, 시행사의 업력과 프로젝트들을 한눈에 간편하게 살펴볼 수 있기 때문에 이용이 편리하다는 장점이 있다. 다만 사전에 소통을 긴밀하게 하지 않는다면, 숨고에 게재된 프로필과 댓글 등에 속을 수 있기 때문에 크로스 체크는 필수적이다.

이밖에 핸디드 같은 청소 대행업체를 이용하거나, 관련 카페에서 구인 광고를 내어 직접 인력을 구할 수도 있다. 이 비용마저 아끼고자 직접 하는 경우에는 DIY를 하면 된다. 요즘은 유튜브에 관련 정보가 워낙 넘쳐서 정보 검색을 통하여 직접 실행도 충분히 가능하다.

에어비앤비에서부터 시작해보자

숙박업의 대세로 자리 잡은 에어비앤비

에어비앤비는 요즘은 우리나라에도 모르는 사람이 없을 정도로 유명한 숙박 플랫폼으로 자리 잡았다. 에어비앤비의 본질은 공유 경제에서 출발한다. 에어비앤비는 대박을 꿈꾸던 실직 상태의 세 명의 가난한 청년들(브라이언 체스키, 조 게비아, 네이션 블레차르지크)이 아파트를 단기 숙소로 빌려주고 투숙객에게서 숙박비를 받아 수익을 내자는 아이디어에서 탄생하였다.

에어비앤비는 누구나 시도할 수 있는 플랫폼으로, 단지 주택을 매개체로 삼는다는 점에서 재능 거래 플랫폼 등과 성격을 달리하지만, 그 본질적 속성은 다름이 없다. 재능 거래 플랫폼에서는 사람의 재능이나 역량을 돈으로 사고파는 반면에, 에어비앤비는 개인들이 갖고 있는 방을 빌리고 빌려주는 형태라는 점이 다르다.

에어비앤비가 국내에 도입되었을 때의 배경을 알면 에어비앤비의 속성 및 특징 파악과 운영에 적지 않은 도움이 될 것이다. 에어비앤비 국내 도입 초창기에 내국인들은 여행을 하기 위해 남의 집 방 한 칸을 빌리는 것에 그다지 흥미가 없었다. 그래서 럭셔리 호텔이나 근사한 풀빌라를 선호하였고, 그나마 여행의 낭만을 즐기려던 젊은 층이 게스트하우스를 선택하는 것이 트렌드였다.

문제는 외국인 여행객이었다. 이들에게 에어비앤비는 낯선 외국 여행에 문화와 체험을 동시에 제공해 주는 매력덩어리였다. 외국인 관광객들이 에어비앤비를 통해 예약을 많이 하자, 특히 주요 관광지인 서울 도심에 수요가 늘어났다.

이에 대한민국 정부는 관련 법규를 제정하였는데, 외국인 관광객들이 도시에 올 경우 민박을 제공하는 숙박 시설의 필요성이 대두된 것이다. 그래서 새로 등장한 업종이 바로 외국인관광도시민박업이라고 볼 수 있다.

외국인관광도시민박업에 대해 살펴보자면, 주민이 자신이 거주하고 있는 주택을 이용하여 외국인 관광객에게 대한민국의 가정문화를 체험할 수 있도록 적합한 시설을 갖추고 숙식 등을 제공할 수 있게끔 만든 법이다. 2012년만 하더라도 관광 편의 시설로, 신고 업종에 해당하였다.

외국인관광도시민박업을 충족하려면 우선 숙박업 등록 신청 시 주민

등록(전입)이 되어 있어야 한다. 두 번째로는 거주하는 공간과 등록하려는 공간의 주 출입구가 한 곳이고 면적이 230㎡ 미만이어야 한다. 마지막 세 번째로는 다가구주택의 경우 룸별 호수로 분리(다세대)되어 있으면 안 된다.

외국인관광도시민박업 허가를 할 때 법률에도 잘 나오지 않는 중요한 부분을 짚어보려고 한다. 해당 건물지가 중요한 연면적 안에 들어간다면, 기준 항목은 설치하면 그만이다. 그러나 등록 기준 안에 들어있지 않은 중요한 사항이 있다. 자신이 거주하고 있는 여부를 확인하는 방법이다. 한 세대가, 다른 세대를 임대하여 여러 개의 룸을 등록할 수 없다는 점에 유의하여야 한다.

다시 본론으로 돌아오자면, 어찌 되었든 에어비앤비는 이제는 누구나 운영할 수 있는 플랫폼으로 자리 잡았다. 이 점에서 다른 플랫폼보다 진입 장벽이 낮은 편이다. 미래의 메가 트렌드(Mega trend)인 공유 경제를 근간으로 삼는다는 점에서 향후 전망은 밝다고 볼 수 있다. 그렇지만 독자들이 궁극적으로 도달해야 할 목표는 아님을 명심하여야 한다. 단지 꼬마호텔에 들어가기 전에 거쳐 가는 초입 단계라고 생각하면 보다 접근이 쉬울 것이다.

에어비앤비 운영의 팁

자, 지금부터 에어비앤비 운영 과정과 운영에 대한 몇 가지 실전 팁을

에어비앤비 등록 절차

신청인	자치구(관광관련 부서)	신청인
신청	**서류심의**	**지정증 발급**
제출서류 지정 신청서류, 시설배치도 또는 사진/평면도	도시 위치 여부, 연면적 기준, 건축물 기준, 결격사유 비 해당	**사후관리** 지정증 교부, 고지사항 알림, 사후점검
	현장방문	
	실 거주 여부, 외국어 시스템, 위생 및 건축물 상태, 소방/ 안전시설 등	

주고자 한다. 다만 이 책은 에어비앤비 운영 가이드는 아니기에 에어비앤비의 등록 절차에 대해서는 위의 표로 간단하게 대체하고, 운영 부분에 대해서만 최대한 핵심내용 위주로 간략히 다뤄보려고 한다. 에어비앤비 행정 등록 절차는 인터넷 검색을 통해서도 쉽게 정보를 얻을 수가 있다.

에어비앤비 입지 선정

우선 에어비앤비 역시도 숙박업에 해당하므로 두말할 것 없이 입지가 가장 중요하다. 외국인 관광객 수요가 많은 곳이 일순위로, 서울에서는 홍대와 신촌을 비롯하여 강남, 종로, 명동, 이태원 등이 1급지에 해당한다. 외국인들이 많이 찾는 번화가가 가장 좋은 입지이고, 여기에 역세권에 위치해 있다면 두말할 것 없다. 서울의 경우에는 외국인 여행객의 대다수가 대중교통을 이용하게 되므로, 숙소를 찾아오는 길이 쉬워야 한다. 대중교통 접근성이 가장 중요한 이유로, 필자가 무조권 역세권을 외치는 이유이기도 하다.

다만 홍대, 신촌, 강남은 이미 에어비앤비 숙소가 포화 상태이다. 그래서인지 단속도 유달리 심한 편이다. 그래서 필자는 외국인 관광객 입장에서 공항철도를 타고 인천국제공항에서 도심까지 진입할 수 있는 입지인 서울역을 비롯하여, 지하철로 이동 가능하고, 지가와 월세가 저렴한 구도심 지역을 추천한다.

집을 고르는 두 번째 팁은 바로 외국인의 관점에서 매물을 골라내야 한다는 점이다. 에어비앤비의 설립 취지는 바로 현지 나라의 감성을 느끼며 살아보는 데 있다. 예를 들어서 우리나라 관광객이 프랑스 파리에 여행을 갔을 때 에펠탑이 내다보이는 파리의 숙소에 머무는 것은 바로 서울 남산이 보이는 명동 또는 서울역의 숙소 다락방에 머무는 것과 비슷한 감성을 느낄 수 있을 것이다.

그래서 뷰가 좋은 곳을 선택하면 좋다. 사람들이 반지하보다는 지상층을 선호하는 이유는 바로 햇볕과 뷰, 두 가지이다. 특히나 창문에 비치는 대한민국 거리의 평범한 일상들이 외국인 관광객들 입장에서는 새롭고 신선한 즐거움으로 다가올 수도 있다.

세 번째 팁은 엘리베이터의 유무를 확인해 보라는 것이다. 빌라나 원룸의 경우에는 엘리베이터가 없는 경우가 적지 않다. 엘리베이터 여부는 숙박 비용에 영향을 미칠 수 있기 때문에 주의가 필요하다.

위 조건의 입지를 파악하기 위해서는 직방이나 호갱노노와 같은 부동산 전문 애플리케이션은 필수적이다. 그런데 애플리케이션에서 보이지 않는 알짜배기 매물들도 현장에는 의외로 많이 있다. 그래서 보고자 하는 물건지에 위치한 부동산 중개업자에게 에어비앤비를 운영할 목적의 매물을 보여달라고 하면 집주인에게 에어비앤비 가능 여부를 미리 확인하고 그에 적합한 집을 추천해 주는 경우도 적지 않다.

입지 선정 후 계약과 준비 단계

입지를 선정하였다면, 그다음은 건물주 또는 집주인에게 허가를 받아야 한다. 법적인 허가에 앞서서 전월세 계약 시 건물주 또는 집주인의 전대차 동의는 필수라는 점을 유념하자.

보증금을 보호하기 위한 팁들도 알아보자. 우선 등기부등본 확인은 기본이다. 다음으로는 확정일자와 전세권을 설정하여야 한다. 확정일자는 집주인의 동의가 필요 없으며, 우선변제권이 발생하여 불의의 상황에서 집이 경매로 넘어가게 되더라도 세입자 신분으로 에어비앤비를 운영하는 사업자는 보호를 해준다. 다만 전세권 설정은 집주인의 동의를 필요로 하는 부분으로, 반드시 등기를 해야만 효력이 발생한다. 또한 전세금에 대해서는 우선변제권을 가지며, 전세권을 설정한 임차인은 임대인의 동의 없이 전세권을 양도하거나 전전세를 할 수가 있다.

그다음의 단계는 '직접 살아보기'이다. 최소 일주일 정도는 살아보아야 해당 집에서 부족한 부분과 어떤 점을 보완해 나가야 하는지를 알 수 있다. 쉽게 이야기하여 게스트의 입장이 되어 보는 것이다.

최종 단계

직접 살아보는 과정까지 완료되면, 다음은 집 꾸미기 단계로 들어가야 한다. 투자자의 나이가 어릴수록 자금 여력이 부족할 공산이 클 테니, 최대한 자본금을 절감한다는 측면에서 풀 옵션(Full option) 컨디션으로 들어가는 편이 좋다. 샴푸, 린스, 바디 클렌저 같은 생필품 등은 물론이고, 장기 투숙객들을 위하여 간단한 조리 도구 등은 기본적으로 구비를 해 놓아야 한다. 실내는 심플하거나 개성이 있게 꾸미는 추세인데, 후자보다는 전자의 인테리어가 가장 안전하면서도 유행을 덜 타 오래 간다. 'Simply is the best'라는 명언이 그냥 탄생한 것이 아니다. 뭐든지 깔끔한 게 최고이다. 이러한 모든 준비가 다 되었으면, 집 사진을 찍는 작업이 필요하다. 에어비앤비라는 플랫폼상에서는 집을 어필할 수 있는 수단이 거의 사진밖에 없으므로, 게스트들이 거의 사진을 보고 해당 집과 계약할지 말지를 결정한다고 보아도 과언이 아닌 셈이다. 실내가 넓어 보이고, 감성적으로 보이게 찍는 것이 중요한데, 다만 광각 렌즈는 개인적으로는 추천하지 않는 편이다. 사진과 너무 다른 숙소는 오히려 평점에 악영향을 미치기 때문이다.

이 모든 준비를 마쳤으면, 그다음으로는 에어비앤비 숙소 개업 최소 2~3주 전에 숙소를 오픈해 놓아야 한다. 예를 들어 4월 1일부터 게스트를 받고 싶다면, 3월 15일 정도부터는 자신의 숙소가 에어비앤비에서 검색이 되게끔 해야 한다. 미처 준비가 되지 않은 3월에 누가 예약하면 어떡하냐고? 가족이나 지인의 아이디로 예약을 해두어서 예약을 막아 두면 해결이 된다. 그리고 나아가 가족이나 지인의 아이디로 별 다섯 개짜리 후기를 미리 작성해 놓으면 4월 예약을 위한 거의 모든 준비는 끝이 난다.

에어비앤비 기능 활용법도 알아보자. 외국인 관광객들 입장에서는 낯선 대한민국 땅 안의 작은 숙소를 찾아오기에는 어렵고 생소하고 버거울 수가 있다. 이들을 위하여 체크인 방법을 만들어 업로드하면 세심하게 배려했다며 좋은 반응을 얻을 수 있다. 방법은 어렵지 않다. 숙소와 가장 가까운 역들에서 집까지 오는 방법을 사진으로 찍어 하나의 프로세스로 쉽게 만들 수 있다. 한 번 만들어 놓으면 계속해서 활용할 수 있어서 대단히 유용하다. 그리고 숙소 이용 시 주의해야 할 사항이나 숙소 와이파이 이용법, 그리고 인천국제공항(지방의 경우에는 다른 거점 공항들)에서 숙소 오는 법 저장 기능 등이 에어비앤비 내에 존재한다. 이러한 자주 쓰이는 메시지들은 평상시에 저장을 해 놓고 활용해 두면 유용하다.

에어비앤비는 하루하루 가격을 상이하게 설정할 수 있다는 장점이 있다. 다른 나라의 명절을 체크하여 가격을 올릴 수도 있고, 주말과 연휴의 가격만 다르게 하여 인상할 수도 있다. 또한 게스트 평가 기능도 있다. 호스트도 게스트를 평가할 수 있다. 예상외로 도난 위험은 존재하지 않는다. 호스트 모드로 로그인할 시에는 운영하는 숙소를 확인할 수 있다. 예약된 날을 실시간으로 확인할 수 있으며, 예약된 게스트의 인적 사항도 체크해 볼 수 있다. 미리보기 탭을 이용하면, 게스트에게 표시되는 호스트의 숙소를 확인할 수 있다. 게스트의 안내 자료 중 체크인 안내 탭에서 예약한 게스트가 숙소를 수월하게 찾아올 수 있게끔도 가능하다. 예약 설정 탭에서는 어떠한 게스트를 받을 것이며, 어떻게 숙박의 가격을 설정할 것인지도 정할 수가 있다. 숙박 기간별 할인율을 다양하게 적용한다면, 공실율을 줄임은 물론이고, 장기 투숙객의 이용률까지 높일 수가 있다. 운영자가 직장인일 경우에는 회사 근무 중에 게스트와 소통하는 것이 어려울 수가 있는데, 이때는 공동 호스트를 지정하여 역할 분담을 하는 것도 하나의 유용한 방법이 된다.

에어비앤비 운영의 묘수

꼬마호텔은 물론 에어비앤비 운영 경험도 있는 필자가 몇 가지 팁을 더 알려주자면, 어느 정도의 별점 관리는 필요하다는 이야기를 드리고 싶다. 가오픈 기간에 가족이나 지인에게 부탁하여 미리 숙소를 예약해 두고, 별점 5점으로 완벽한 리뷰들을 최소 10개 이상은 쌓아 두어야 운영의 모멘텀을 얻기가 수월해진다. 그리고 외국인 관광객들을 대상으로 운영하기 때문에 영어로 작성하는 것을 추천한다.

오픈 이벤트로 10퍼센트 안팎의 할인율을 적용해 보면, 초기 예약률이 높아지는 마법을 경험할 수 있다. 요즘 MZ세대들의 취향을 저격할 수 있게끔 포토 존을 꾸며보는 것도 좋은 방법이다. 대형 거울이나 기타 감성적인 소품들을 활용하여 숙소만의 핫 플레이스를 만들어 보자. 해당 숙소에서 찍은 사진들이 인스타그램이나 페이스북 같은 SNS상에서 지속적으로 업로드가 되어 자동으로 여러분의 숙소를 홍보해 줄 것이다.

이 숙소에서만 볼 수 있는, 자기만의 가이드라인을 제작해서 잘 보이는 곳에 붙여 보는 것도 좋다. 한국어, 중국어, 일본어, 영어 4개 국어 번역본이면 웬만한 나라의 관광객들은 다 커버가 가능하다. 우리 집만의 소소한 규칙들을 잘 보이는 위치에 붙여 보자. 애플리케이션의 기능을 이용하여 장기 투숙객을 위한 할인 혜택을 제공하는 것도 운영에 도움을 준다. 장기 투숙객의 비율이 늘어난다면 예약 관리가 편해지고, 운영도 안정적이게 된다.

다음으로는 SNS를 활용해 보라는 것이다. 해시태그(#)나 인스타그램의 홍보 기능을 사용하여 내국인들을 타깃으로 홍보를 해보기를 추천한다. 앞에서도 언급하였듯, 투숙객들이 포토존에서 촬영한 사진들이 SNS상에 업로드가 되면서 자동적으로 숙소를 홍보할 수 있다는 장점이 있다. 그래서 뷰가 좋은 위치에 포토존을 개설할 것을 추천하는 바이다.

마지막으로 동남아시아 시장을 더욱 세분화하여 타깃팅 해보자. 최근 몇 년 사이에 히잡을 쓴 외국인 여행객들을 거리에서 많이 볼 수 있는데, 이중 대다수가 말레이시아와 인도네시아 등 동남아시아 여행객이다. 이들은 아무래도 자신들의 국가 공휴일을 활용하여 대한민국을 찾는 케이스가 많은데, 각 국가의 공휴일에 맞추어 숙박비용을 올려본다면 수익률을 높이는 데 도움이 되리라 생각한다.

에어비앤비는 다수가 여성이 이용한다는 특징이 있다. 아무래도 남성보다는 여성이 여행을 좋아할 뿐만 아니라 즐기는 성향이 많기 때문이다. 2023년도 통계에 따르면, 대한민국을 찾은 여행객 중 여성 고객 비율은 60퍼센트를 넘는다. 말레이시아, 싱가포르, 홍콩, 중국, 태국, 일본 등 여행객의 국적도 다양화하고 있다. 그런데 최근 추세는 동남아시아의 여행객들이 많아지고 있다. 예상과는 달리 깨끗하고 조용하고 예의 바른 게스트들이 대부분으로, 우려하였던 일은 거의 일어나지 않는다고 보면 된다. 여러 명이 집단적으로 우르르 몰려다니기보다는 FIT와 가족 단위의 여행객이 가장 많은 편으로, 이에 따라 대형 평수의 에어비앤비보다는 원룸 등 소형평수의 에어비앤비 운영을 더 추천하는 바이다. 선진국보다 개발도상국 여행객 예약 비율이 압도적으로 높다는 것도 에어비앤비 대한민국 숙소 이용객의 특징 중 하나라고 볼 수 있겠다.

지금까지 줄기차게 설명한 에어비앤비는 공유 숙박의 한 부분에 해당하는, 즉 빙산의 일각이다. 에어비앤비를 필두로 한 공유 숙박업의 시장 규모는 코로나19 팬데믹 종식 이후 폭발적으로 성장하고 있고, 상기 서술한 많은 이유들을 근거로 앞으로의 전망도 밝으리라고 생각한다.

효과적인 객실 판매 및
투숙객 유치 전략

외국인 관광객을 내 꼬마호텔에 투숙시키는 데도 전략은 필요하다. 이번 챕터에서는 효과적인 객실 판매 노하우를 살펴보자.

다만 이에 앞서 언급하였듯, 호텔 객실 판매를 단순히 공간 판매로만 보지 않았으면 좋겠다. 호텔의 본질은 서비스업이다. 서비스업이란 해당 서비스를 이용하는 사람들에게 감동을 제공해 주어야 한다. 사람의 숨결과 정성이 담긴 서비스의 가치는 무엇으로도 대체할 수 없는 중요한 핵심이다. 그래서 꼬마호텔은 운영하는 운영자의 입장에서 호텔리어의 마인드보다는 소중한 친구에게 편안한 잠자리와 거처를 제공하고, 나아가 정보까지 알려준다는 친구 같은 마인드로 접근하여야 꼬마호텔 투자도 성공리에 계속 이어 나갈 수가 있다.

예를 들어서 우리가 세계 어느 호텔이든지 가면 제공받을 수 있는 일반적인 정보가 아닌, 해당 호텔에서만 볼 수 있는 정보와 콘텐츠를 제공한다면 더할 나위 없이 좋을 것이다. 예를 들어 각종 공연 할인 티켓과 클럽, 그리고 현지인들만 아는 주변 맛집에 대한 정보가 될 수 있겠다.

어린아이를 동반한 고객에게는 호텔의 마스코트 인형을 선물하거나, 20대 MZ세대들에게는 해당 지역의 원료로 만든 화장품을 제공하는 것도 방법이다. 이뿐만이 아니라, 지역의 재료를 함유한 스낵, 음식, 맥주, 막걸리 등의 샘플러를 제공할 수도 있다. 이로 말미암아 선물을 받는 사람이 감동하여 SNS라도 올린다면 그만큼 좋은 홍보도 없을 것이고, 이는 또 다른 고객의 발걸음으로 이어질 것이다.

여러 방면으로 꼬마호텔 운영 준비를 마쳤다면, 실제로 운영하기 위해 반드시 알아야 할 필수 플랫폼들이 있다. 반복적으로 언급하지만 우선 세계에서 가장 사용자 수가 많은 에어비앤비를 빼놓을 수 없다.

두 번째는 아고다이다. 2005년 설립된 아고다는 '알뜰한 여행의 정석'을 모토로 이용객들에게 합리적인 가격의 숙박을 제시하는 숙박 플랫폼이다. 200개국 이상에서 서비스된다. 아고다는 가격을 기반으로 한 검색에서 강점을 보이고 있기에 요즘 MZ세대들의 선택 포인트 중 하나인 가성비나 가심비에 걸맞은 선택을 할 수 있다는 장점이 존재한다.

세 번째는 부킹닷컴이다. 부킹닷컴은 1996년 네덜란드 암스테르담에서 소규모 스타트업으로 설립되어 전 세계 최대의 온라인 여행 기업으로 성장하였다. 부킹홀딩스는 2005년 부킹닷컴을 인수하며 압도적인 유럽 시장 점유율을 차지하게 되었으며, 온라인 여행사 시장 매출액 1위를 유지하고 있다. 다른 두 플랫폼과 비교하면 아무래도 가장 오래된 만큼 전통이 느껴지고 고를 수 있는 표본치도 넓은 편이다. 개인 숙소를 메인으로 하는 에어비앤비보다는 양질의 숙소를 고를 수 있다는 장점이 존재한다.

구글도 호텔 예약 시스템이 있다. 다만 구글은 아직까지는 호텔 예약 시스템을 전문적으로 하는 느낌은 아니다. 그래도 올려놓으면 숙박 상품이 팔리기는 한다.

국내에서는 아무래도 네이버의 네이버 마이 플레이스(https://m.place.naver.com/my/home)가 포털 사이트 사용자 수가 가장 많기 때문에 쓰기에도 편하고 활용하기에도 좋다. 그리고 다른 플랫폼보다 수수료가 압도적으로 저렴하다는 장점이 있다. 다른 플랫폼은 15~20퍼센트 안팎의 수수료를 거두는 데, 네이버는 5퍼센트 안팎이다. 아직까지는 네이버가 이쪽 사업을 주력으로 하는 것이 아니기 때문에 수수료율을 당장에 많이 올리지는 않겠지만, 향후 수요가 폭등한다면, 이 부분도 캐시 카우로 보고 서서히 조여 들어올 수 있을 것이다. 아직까지는 내국인을 대상으로는 중계 수수료가 저렴한 네이버가 대세를 형성하고 있음을 알고 있자.

관리 및 유지보수 전략

수년 전부터는 스마트폰을 연동한 스마트 키가 도입, 확산하는 추세이다. 이미 무인 체크인 앤 아웃 시스템은 보편화한 지 오래이다. 2024년 현재 필자가 운영 중인 군산 호텔에서도 무인 키오스크 시스템을 사용하고 있다.

대한민국의 호텔 산업도 특유의 사물 인터넷 기술을 활용하여 숙박객들에게 새롭고 재미있고 쾌적한 호텔 경험을 제공하고자 인적 서비스 중심으로 재편되고 있는데, 고퀄리티 호텔 서비스를 제공하기 위한 시도는 계속해서 이어지고 있다. 대한민국의 경우에는 LG전자와 KT를 필두로 한 IT 업체가 이러한 기술 트렌드를 선도해 나가고 있고, 힐튼이나 매리어트 같은 글로벌 호텔 체인들은 키 없이 스마트폰을 객실 키로 사용할 수 있는 키리스(Keyless: 키가 없는) 시스템을 중심으로 한 시스템을 확산해 나가고 있는 실정이다.

이에 따라 숙박객들은 호텔 객실 예약을 마치면 예약 정보를 카카오톡 같은 메신저로 받게 되고, 링크를 클릭하면 모바일 애플리케이션을 내려받을 수 있다. 애플리케이션을 통하여 숙박 당일에 체크인을 요청하면 자동으로 객실이 배정되고 그 즉시 모바일 키가 발급되는 신개념 시스템이다. 이로 인해 숙박객은 이제 프런트에서 기다릴 필요가 없게 되면서 모바일 키로 객실 문을 열 수 있게 된다. 호실을 입장하면 스마트 텔레비전 화면에 웰컴 메시지가 뜨고, 미리 설정해 맞춰진 객실 온도로 에어 컨디셔너가 작동되어 쾌적하게 머무를 수 있게 된다.

이뿐만 아니라 스마트 텔레비전과 스마트폰을 연결하여 자신의 스마트폰에 내장된 콘텐츠를 대화면으로 즐기는 것은 물론, 자신의 스마트폰으로 받고자 하는 룸 서비스를 빠르게 신청하여 받을 수가 있다. 전동 커튼의 컨트롤이나 객실 온도 및 조명까지도 전부 제어할 수 있어 게스트 입장에서는 대단히 편리해진 셈이다. 호텔에서 체크아웃하여 나간 뒤로도 호텔에서 진행하는 이벤트나 프로모션 정보를 스마트폰 알림 설정을 통하여 받아볼 수 있다. 우리나라에서는 KT와 LG전자 같은 대기업을 통하여 객실 관리 시스템(PMS) 등 시장 참여자와의 파트너십을 통하여 구현이 이루어지고 있는 실정이다.

객실 무인 시스템 외에도 필자는 한때 겉으로 보여지는 것이 중요하다고 여겨서 서울앤호텔의 공유 홀 같은 경우도 탁 트인 공간감과 개방감을 외국인 투숙객들에게 선사하기 위해 층고를 높게 설계하였고, 서로 다양한 국가에서 온 다양한 인종의 친구들이 허물 없이 어울리게끔 하기 위하여 계단식 벤치 인테리어와 그 사이사이에 LED 조명을 디테일하게 시공하였다. 그리고 필자는 개인적으로 간접 조명을 선호하기 때문에 모든 객실에 그런 취향을 반영하였고, 이 모든 것이 투자금의 상승으로 이어졌다. 엘리베이터 역시도 건물의 크기에 비해 다소 큰 규모에 승객들의 안전을 위하여 상급의 고급 브랜드로 설치하였다.

물론 이러한 시도로 말미암아 서울앤호텔이 외국인 투숙객들로부터 좋은 평과 평점을 받았던 것도 사실이다. 그런데 필자의 경험상 그 정도까지 과한 비용을 들여가며 초기 투자할 필요가 없는 것 또한 사실이 아닐 수 없다. 서울앤호텔 같은 숙박업소를 찾는 외국인 관광객의 연령층은 대부분 20대이고 많아 봤자 30~40대이다. 이는 다시 말하여 인구 전체를 놓고 보았을 때 상대적으로 젊은 층이 찾아준다는 이야기이며, 인테리어의 화려함 내지는 럭셔리함보다는 실용성을 중요시한다는 반증도 된다. 이는 곧 그 나이대에 맞는 튼튼한 인테리어면 충분하다는 소리이다. 처음부터 너무 과한 비용을 투입하기보다는, 적절한 비용으로 최고의 가성비를 내는 전략으로 시설 관리에 공을 들여 보자.

실제 시설과 객실을 관리하는 데는 체크 리스트를 만들어서 관리하면 좀더 확실하고 효율적인 관리가 이루어진게 된다. 다음은 각각의 체크 리스트 예시다.

객실 체크 리스트

Room Inspection Sheet

Inspector : *Owen Park*　　　　일시 : 2017 / 2 / 17

객실 체크리스트

구분	확인 사항	객실별 특이사항		
		Room No. 1406	Room No.	Room No.
입구	현관문 고정 및 자동 닫힘 여부 확인	이상없음		
	입구 천정 센서 등, 손전등 밧대리 체크	이상없음		
화장실	화장실 문 및 스위치 자동 확인	이상없음		
	거울 등 위아래 현관 등 확인	이상없음		
	헤어드라이기 스위치 및 작동여부 확인	이상없음		
	변기 청결상태 확인 및 화장지 확인	이상없음		
	세면대, 욕실용품, 가글컵 오점 확인	이상없음		
	샤워부스 바닥 배수구 확인 (머리카락 등 이물질 제거)	이상없음		
	휴지통 확인, 타올 수량 확인	이상없음		
침실	백등, 전정등 작동여부 확인	이상없음		
	침대 시트 및 쿠션오점 확인	이상없음		
	전화기, 메모지, 연필 체크	이상없음		
	테이블 먼지 확인	먼지제거완료		
	카페트 오점 확인	이상없음		
	냉장고 생수 확인	이상없음		
	TV 전원 체크 및 방송상태 확인	이상없음		
	머그컵, 티백, 전기포트, 사각티슈 확인	이상없음		
	커튼 확인	오점제거완료		
옷장	가운, 옷걸이 수량 확인, 금고 확인	이상없음		
	세탁봉투, 세탁 빌지, 슬리퍼, 다리미 내부 물 있는지 확인(물이 없어여 함)	이상없음		
비고	최종확인 Owen 2017.02.17 오전 08:00 완료			

시설 관리 체크 리스트

주기	장소	점검 항목	순찰 이상유무	이상 시 조치내용
		시설점검 현황		
매일	옥상	공조기, 조명등 상태		
	옥상	배수, 환풍팬 동작, 조경수 상태		
	옥상	수도밸브 잠김 상태		
	옥상	CCTV 카메라 상태		
	각층	복도 조명등, 인터폰, 냉난방기 상태		
	각층	복도 카펫 청결 상태		
	각층	테라스, 정수기, 소화기 상태		
	각층	계단 청결, 센서등 상태		
	각층	분전함 과부하, 누전		
	각층	E/L월점검		
	1층	홀 조명등, 냉난방기, 간판 상태		
	지하1	가스설비(보일러, 주방렌지) 상태		
	지하1	소방펌프 상태		
	지하2	변전실, 비상발전기 동작 상태		
	지하2	급수 부스터펌프 상태		
	지하2, 지상	전기, 수도, 가스계량기 검침		
월/ 년간	지하2	전기 수변전 정기검사 실시		
	지하2	저수조 청소, 수질검사 실시-(추계)		
	지하2	정화조 청소 실시-(추계)		
	전층	E/L 정기검사 실시-(년초)		
	전층	냉난방 실내기 휠터 세척 실시-(춘계)		

N호텔 일일 업무보고

구분		내 용					확 인		

2024-01-06

구분		내 용						
매출	전일	객실 OCC: 95.8%(전일 예상대비 2.6% 상승) / ADR: / Total: 원						
		Departure: 35 Rooms / In House: Rooms / Arrival: 35 Rooms						
	금일	객실 OCC: 95.8%(전일 예상대비 2.6% 상승) / ADR: / Total: 원						
		Departure: 35 Rooms / In House: Rooms / Arrival: 35 Rooms						
	익일	객실 OCC: 95.8% / ADR: 38,492원 / Total: 원						
		Departure: 30 Rooms / In House: Rooms / Arrival: 30 Rooms						
	FIT		Name	No of RM	Amount	C/I	C/O	
		walkin	NONE					
		Online						
		Direct/Inbound						
		Dayuse						
	Group		Name	No of RM	Amount	C/I	C/O	
인력 및 상태	조식	출근 인원	1명 출근					
		업장 상태	청소상태 양호하며 자리 부족하였음					
	객실/공용부 정비	객실 정비	룸메이드 3명 출근					
			인스펙션 30객실 싥시					
		퍼블릭 점검	1명 출근					
		로비	로비 쓰레기통(일반, 재활용) 전자레인지 옆으로 이동후 정비 요청					
		엘리베이터						
직원 동향	입사자							
	퇴사자							
	면담자							
시설점검	옥상		특이사항 없음					
	비상계단		특이사항 없음					
	기계실		특이사항 없음					
	객실							
용품구매								

부서별 이슈 및 처리/진행 상황

운영	
객실	
조식	
판촉	
시설전반	

업무 사항

1. 트립어드바이저 리뷰 작성
2. 지하1층 공병 처리
3. 생수 40Pac 입고 - 각 층 분배
4. 902호 창문 비닐 및 스티커 자국 제거 (동영상 촬영 완료)

대표님 지시사항

1. 폴딩도어 분해관련 여유있으니 타업체 등 방안 재모색 해 볼것

하자보수 진행상황

객실 관리 시스템

타이머 등 객실 관리 시스템의 세계

　초보자들이 꼬마호텔을 시작하면서 간과할 수 있는 부분이 바로 객실 관리 시스템(Room Management System, RMS)이다. 그렇지만 객실 관리는 호텔 운영의 꽃이라고 할 수 있다.

　최근 수년 동안 기술의 비약적인 발전으로 인해 수많은 분야에서 혁신이 일어나고 있고, 시장의 변화가 생겨나고 있지만 유독 국내 숙박업계는 2000년대 초중반에 머물러 있는 것도 현실이다. 물론 대형 숙박 플랫폼들이 생겨나면서 온라인 예약과 모바일 앱을 이용한 사용자들이 급증하여 시장에는 변화가 생겼지만, 실제로 숙박업소를 운영하는 업주 입장

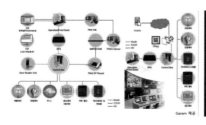

에선 우후죽순 생겨나는 수많은 숙박 플랫폼들로 인해 어려움을 겪는 경우가 적지 않다.

그래서 생겨난 것이 바로 객실 관리 시스템이다. 이미 객실 예약, 체크인, 체크아웃, 객실 상태 관리 등을 효율적으로 수행하기 위한 객실 관리 시스템이 존재한다.

객실 관리 시스템은 숙박 업소에서 객실 예약, 객실 상태 관리, 손님의 입/퇴실 등을 효율적으로 관리하기 위한 소프트웨어 시스템이다. 이 시스템은 중소형 숙박시설부터 대형 호텔까지 다양한 규모의 업소에서 사용된다. 외부 예약 정보와 내부 상태 현황을 연동하여 손님들이 원활한 서비스를 제공받을 수 있도록 관리자의 효율성을 높여주는 것이 이 시스템의 핵심이다. 타이머나 출입문 등 세세한 부분까지 신경 쓸 것이 대단히 많은데, 이러한 시스템들이 꼬마호텔의 운영의 어려움을 도와준다.

요새는 이러한 객실 관리도 대행으로 해주는 업체들이 늘어나는 추세이다. 저자의 경우에는 산하(Sanha IT)와 벤디트(VenDIT)를 사용하고 있다. 산하와 벤디트는 숙박업 자동운영 솔루션을 제공하고 있는 업체이다. 벤디트는 국내 TOP 3 대형 숙박 플랫폼은 물론, 플랫폼 예약 연동을 지원하고 있다. 그뿐만 아니라 기존 키텍도 호환되기 때문에 기존에 사업장을 운영하시는 분들도 추가 비용 없이 편리하게 키오스크를 통한 자동 운영 형태로 전환할 수 있다. 매일 수십 수백 번씩 예약 현황을 최신화하고 고객 정보를 일일이 확인해야 하는 비효율적인 방식을 혁신하여 업주의 입장에서 쾌적한 운영 그리고 결과적으로 소비자에게 더욱 쾌적한 서비스를 제공할 수 있고, 매출 증대로 이어질 수 있는 효율적인 방식이 아닐 수 없다. 무인텔 혹은 키오스크 운영 방식의 가장 두려운 점인 청소년 이성혼숙 문제에 대해서도 PMS는 안전한 솔루션을 제공하고 있다.

예를 들어 AI 성인 인증 시스템을 개발하여 의심 고객 사진을 실시간 으로 전송하고 있으며, 문제가 발생하지 않도록 사전 차단하는 기술력을 도입하였다. 그럼에도 불구하고 문제 발생 시에도 적극적인 증거물 확보 와 법무법인 연결 등 운영주의 입장에서 편리하게 사용할 수 있는 업체 이다.

TIP

호텔 등 숙박업소 관리에 있어서 가장 중요한 청소 관리 역시도 언급하였듯 대행을 도와 주는 업체가 많다. 호텔 청소 대행업체 중 괜찮은 업체의 리스트를 모아 보았다.

- **에어씨앤엘** – https://aircnl.com/ 서울 및 경기권만 가능한데, 호스트 이용률이 높다는 강점이 있다
- **숨고** – https://soomgo.com/ 청소 고수 연결 플랫폼. 비교 견적을 제시한다.
- **애니맨** – https://www.anyman.co.kr/ 쉽게 이용할 수 있는 인력 중개 플랫폼.
- **당근마켓** – https://www.daangn.com/ 지역 아르바이트로 이용 추세가 급등
- **핸디즈 (에어비앤비 위탁 운영)** – https://www.handys.co.kr/ 청소업체에서 위탁 운영으로 변경
- **에어비앤비 호스트 모임 (네이버 카페)** – https://cafe.naver.com/maplepath 호스트와 소통 & 청소 구하기
  – 지방에서 운영할 경우 지역별 맘 카페 or 지역 커뮤니티 이용을 추천한다.

임차인 관리는 어떻게?

만약에 호텔을 직접 운영하지 않고, 임대를 주었거나 쉐어하우스로 운영한다면 임차인 관리는 생각보다 중요한 부분이다. 특히나 꼬마호텔보다 쉐어 하우스 같은 공유 주택을 운영할 때 더욱 세심하게 신경을 써야하는 요소이다. 쉐어 하우스는 먼슬리(Monthly), 즉 월세 개념으로 돌아가는 측면이 있고, 게스트 하우스는 숙박의 개념이기 때문에 세부적으로 들어가면 다소 간의 차이점은 있겠지만, 운영을 원활하게 하기 위해서는 공동 운영 규칙이라든지 메뉴얼된 문서가 필요한 부분이 존재한다.

그 전에 꼬마호텔의 가장 하위 버전인 에어비앤비의 국내 운영 상황을 들여다보는 것이 적잖은 도움이 될 것이다. 대한민국 내에서 국내 슈퍼 호스트(Super host)가 가장 많은 지역은 바로 외국인 관광객들이 가장 많이 찾는 홍대, 신촌, 명동, 강남 등이다. 이 지역의 슈퍼 호스트들 대부분은 오피스텔 내지는 원룸에서 운영하는 케이스가 많다.

그런데 오피스텔 또는 원룸에서는 도시민박업 허가를 받지 못하게 되어 있다. 공중 위생 관리법에 의거하여 1,000만 원 이하의 벌금 또는 징역 1년 이하의 처벌을 받게 된다.

물론 개중에는 도시민박업과 농어촌민박업을 허가받고 운영하는 호스트들도 있기는 하다. 그런데 현실적으로 게스트들과 함께 거주하기란 대단히 어려운 일이 아닐 수 없다. 그렇기 때문에 에어비앤비 숙소에서 전입 신고를 하였다고 하더라도, 함께 거주하지 않는다면 그것 또한 불법이다. 상술하였다시피 에어비앤비를 합법적으로 운영하기란 현실적으로는 대단히 어려운 일이다. 그렇기 때문에 대부분의 국내 에어비앤비 호스트들은 합법적이지 않은 방법으로 숙소를 운영하고 있는 것이 현실이다.

엑시트 전략도 중요하다

엑시트(Exit) 전략도 중요하다. 결국에는 꼬마호텔 매도를 통하여 수익을 실현해 낼 때 의미가 있다고 볼 수 있기 때문이다. 그렇다면 적절한 매도 타이밍을 언제로 보아야 할까?

필자는 처음에는 5년을 생각하였다. 그런데 요즘 같이 트렌드가 시시각각 바뀌는 흐름이라면 3년이 더 적절하지 않나 싶다. 1~2년 안에 매도를 하게 되면 세금적 측면에서 상당한 불이익을 보게 된다. 아직까지 대한민국은 건물주에게 매기는 보유세와 양도세에 대해 관대하지 않은 편이기 때문이다. 3년이라면 세금적으로도 크게 손실이 없고, 임대료로 어느 정도 수익을 뽑아낼 수 있는 구간이다.

또한 3년을 추천하는 이유는, 요즘은 수익 실현 구간을 빠르게 잡는 추세이기도 하며, 5년이 지나면 시설 등 인테리어의 노후화가 급속도로 빨리 진행되기 때문이다. 이러한 이유로 인하여 필자는 구체적인 엑시트 시점을 3년으로 잡고 꼬마호텔 매도를 계획하여 보기를 추천 한다.

엑시트 계획은 이익 실현의 마무리이자 핵심 단계이다. 주식이든 부동산이든 뭐든 마찬가지다. 이 엑시트 계획을 짜두지 않는다면, 그 투자는 부표가 없는 투자나 다름이 없다. 다시 말하여 목적성이 없다는 의미다. 그래서 처음 꼬마호텔 매수 계획을 잡을 때, 당연히 미래 몇 년 후에 매각해야겠다는 목표도 염두에 두어야 한다. 그리고 그 시점은 단순히 기간으로만 설정하는 것이 아닌, 수익률과 수익 구간을 얼마나 어디에 둘 것인가 하는 체계적인 플랜의 형태로 잡아 놓아야 한다.

우선 수익률이 얼마가 나야 적당할지 궁금할 것인데, 최소 3년은 운영한 뒤 매각을 실행에 옮겨보라고 권하고 싶다. 처음에는 5년을 생각해 보았는데, 요즘 젊은 세대에 5년은 조금은 긴 기간이 아닐까 싶어서 기간을 3년으로 단축하여 잡기를 권한다.

사실 매수 후 3년이면 운영 수익금도 어느 정도 뽑아낼 수 있을뿐더러, 5년 이후부터는 시설의 노후화 등 건물 감가상각이 급속도로 빨라지기 때문에 빠르면 3년 안팎, 늦어도 5년 전에는 엑시트 계획을 잡고 빠져나오는 것을 추천해 본다. 물론 이 밖에도 시장의 상황이나 분위기 등

2023년 양도소득세 과세 기준표

과세표준	세율	누진공제
1,400만 원 이하	6%	-
1,400만 원 초과 5,000만 원 이하	15%	126만 원
5,000만 원 초과 8,800만 원 이하	24%	576만 원
8,800만 원 초과 1억 5,000만 원 이하	35%	1,544만 원
1억 5,000만 원 초과 3억 원 이하	38%	1,994만 원
3억 원 초과 5억 원 이하	40%	2,594만 원
5억 원 초과	42%	3,594만 원
10억 원 초과	45%	6,594만 원

도 살펴보기는 해야 할 것이다.

꼬마호텔 운영도 사업체를 운영하는 것과 다를 바가 없다. 그런데 운영주들은 사업 계획서에는 심혈을 기울이면서, 꼬마호텔 등 부동산의 엑시트 계획은 제대로 세우지 않은 경우도 적지 않다. 엑시트 계획을 얼마나 구체적이고 적절하게 세웠느냐에 따라서 얻을 수 있는 차익이 달라지니, 이 점에 유념하자. 사업계획 승인은 물론이고, 세금 구조도 미리 잘 짜놓아야 한다. 다만 양도세에 관해서는 단타로 수익률을 짧게 가져갈 것이 아니라면 크게 신경을 쓸 필요는 없어 보인다.

꼬마호텔 세금 관련하여 절세 팁이 있면, 꼬마호텔 리모델링 및 운영 시 발생하는 세금 계산서는 꼼꼼히 잘 챙기자. 세금 계산서와 관련된 증빙자료가 없다면 국세청으로부터 자본 지출로 인정을 받지 못하므로, 입증 자료는 돈이라는 생각으로 잘 챙겨 놓아야 한다.

6장

미래의
꼬마호텔
트렌드

미래 꼬마호텔의 트렌드는 무인화, 양극화, 도심화, 나노화다

첫 번째는 무인화이다. 무인화는 문자 그대로 사람이 해야하는 일을 기계가
처리한다는 의미다. 두 번째는 양극화인데, 꼬마호텔 역시 그 안에서
'커다란 덩치의 호텔'과 '아주 콤팩트한 꼬마호텔'로 양분되게 될 것이다.
이해를 돕기 위해 비유를 들자면, 하이엔드의 특급 호텔과 다이소 같은
저렴한 가성비의 꼬마호텔로 양분될 것이다.
세 번째는 도심화, 꼬마호텔의 입지가 도심으로 한정될 것이라는 이야기다.
마지막으로 나노화로 선택과 집중화된 여행 경험을 중시할 것이라는 점이다.

미래의 꼬마호텔 투자 트렌드

미래의 꼬마호텔 투자 트렌드를 예측해 보는 것만으로도 꼬마호텔 시장의 잠재력과 성장성을 그려 보는 데 큰 도움이 될 것이다. 미래의 꼬마호텔 트렌드를 현재를 기반으로 예측해 보자.

무인화, 양극화, 도심화, 나노화 트렌드

미래의 꼬마호텔 투자 트렌드는 크게 네 가지로 예상해 볼 수 있다. 무인화, 양극화, 도심화, 나노화이다.

첫 번째, 무인화이다. 무인화는 문자 그대로 사람이 해야 하는 일을 기계가 처리한다는 것을 의미한다. 꼬마호텔뿐만 아니라, 상가 점포, 일반 숙박업소 등 도처에서 이미 많이 일어났으며 앞으로도 가속화할 트렌드이다. 다만 꼬마호텔 기준에서 리모델링에서는 무인화에 대해서는 조금은 보수적으로 접근해야 한다. 무인화 장비 구축에 만만치 않은 예산이 들어가기 때문이다. 무인화 시스템은 제대로 갖추려면 로비의 키오스크부터 시작해 꼬마호텔의 모든 객실에 들어가야 하기 때문에 아무래도 꼬마호텔을 처음 시작하는 입장에서는 아무래도 부담을 느낄 수밖에 없다. '빛 좋은 개살구'가 될 수 있다는 것이다.

예산도 예산이겠지만, 리모델링의 경우에는 기존 시설을 전면 교체한다는 것이 쉬운 일은 아니다. 무턱대고 무인화가 좋다고 모든 시설에 손을 대면 패착이 일어날 수도 있다. 그래서 본인이 모르는 분야가 있다면 정보 파악이 될 때까지는 시행을 유보해 보는 것도 하나의 방법이다. 시야가 닿지 않아 미처 보기 힘든 사각지대에서 발목이 잡힐 수도 있기 때문이다. 그리고 무인화는 그것을 실행해주는 업체에게만 목돈을 벌어들일 수 있는 수단이라 아직은 조심스럽게 접근해야 한다.

두 번째는 양극화이다. 소비 관점에서의 양극화는 쉽게 말하여 최고가 아니면 최저가를 선택하는 것을 말한다. 이러한 양극화는 현 시대의 흐름에서는 피할 수 없는 추세이기도 하다. 세상의 거의 모든 분야에서 양극화가 벌어지고 있다. 소비 시장 역시도 아주 비싸거나 아주 싸거나 둘 중 하나이다. 애매모호한 포지션에 위치한 비즈니스는 살아남기가 어려운 실정이다.

커피 시장을 예로 들어보자. 스타벅스와 투썸플레이스를 필두로 한 고급화 커피 시장은 여전히 고객들의 사랑을 받는다. 다른 업체보다 비싸더라도 두 브랜드는 매장 분위기, 커피 맛, 디저트 품질 등 거의 모든 카테고리에서 우위를 보이기 때문에, 고객들은 이를 프리미엄이라고 생각하고 기꺼이 비싼 가격을 지불한다. 이 두 업체는 최근 커피 브랜드 순위에서 나란히 1, 2위를 차지했다.

그리고 그 반대쪽 끝단에 신흥 강자인 메가커피와 컴포즈커피가 있다. 두 브랜드의 공통점은 커피값이 싸다는 것이다. 따뜻한 아메리카노를 천 원대에 즐길 수 있는 몇 안 되는 브랜드이다. 그런데 싸다고 잘 안 팔리느냐? 천만의 말씀이다. 메가커피와 컴포즈커피는 최근 조사에서 상위권에 올랐다. 메가커피의 브랜드 인지도는 2위까지 상승했다. 메가커피의 모델은 전 국민이 다 아는 세계적 축구 스타 손흥민이고, 컴포즈커피의 모델은 비틀즈를 위협하였던 방탄소년단(BTS)의 멤버 뷔이다. 이 사실만 놓고 보더라도 저가 커피 브랜드가 얼마나 잘 나가는지 알 수 있다. 반면, 메가커피와 컴포즈커피 이전에 저가 커피의 상징이나 다름이 없었던 이디야 커피는 중저가 포지션에 놓이며 애매한 위치가 되었다. 이러한 현상만 놓고 보았을 때도 애매하면 살아남기 힘들다라는 말이 명제처럼 되어 버렸다.

호텔도 크게 다를 바 없다. 역시 그 안에서 '커다란 덩치의 호텔'과 '아주 콤팩트한 꼬마호텔'로 양분되게 될 것이다. 이 대목에서 필자가 이야기하고 싶은 바는 이러한 양극화 속에서도 살아남을 수 있는 숙박 비즈니스를 찾아야 하며, 거기에 부합하는 아주 적절한 숙박 상품이 바로 꼬마호텔이라는 것이다. 양극화에서 아주 잘 사는 부류는 서민들은 쳐다보지도 못할 아주 럭셔리한 초특급 호텔을 이용하게 될 것이며, 그들의 대척점에 위치한 부류는 실제로 손에 쥐고 있는 가처분 소득이 얼마 되지 않기 때문에 MZ세대가 추구하는 소위 말하는 '가성비 소비'를 할 수밖에 없다. 그런 소비를 원치 않더라도 할 수밖에 없는 사회경제적 상황이 조성되고 그러한 판이 깔리게 되는 것이다.

여기에 하나 더하여 MZ세대로 대변되는 요즘 소비자들은 자신의 소비에 대한 철학이 뚜렷하다. 그래서 자신의 가치관에 따라 어떠한 한 쪽은 소비를 아끼지 않는다. 반면 다른 한 쪽은 가격을 극단적으로 줄여서 소비한다. 쉽게 말하여 '극단적 소비 현상'이 나타나고 있는 셈인데, 이러한 까닭에 이들은 조식이 무료로 제공되는 저가 숙소에서 머무르는 한이 있더라도, 백화점에서 수백만 원씩이나 하는 고급 명품백을 구입하는 데는 돈을 아끼지 않는 것이다. 이러한 현상 역시도 양극화의 일종이라고 볼 수 있겠다.

이처럼 복잡 다단하게 변화하는 환경 속에서 꼬마호텔이 '가성비 있는 숙소'의 역할을 떠맡게 될 것은 어쩌면 너무나도 자명한 일이다. 미래 시대의 꼬마호텔은 '숙박업계의 다이소(DAISO)' 같은 역할을 해내야 할 것이다.

세 번째는 도심화이다. 도심화는 쉽게 말해 꼬마호텔의 입지가 도심으로 한정될 것이라는 이야기다. 이는 꼬마호텔의 주 고객층을 생각하면 쉽게 고개가 끄덕여질 것이다. 꼬마호텔은 해외에서 온 관광객들을 대상으로 한다. 그리고 그 관광객들은 도심권에서 주로 관광을 하게 될 가능성이 대단히 높다. 사람들이 둘러 보고 싶은 곳은 국내와 국외를 불문하고 대동소이하기 때문이다. 서울을 찾은 관광객들은 '천년 고도' 서울을 상징하는 사대문 등 고풍스러운 고궁과 한옥들을 감상하고 싶지, 저 멀리 지방 마을에 위치한 모 읍성을 보고 싶지는 않을 것이다. 그리고 현대적인 매력을 느끼려면 강남을 보고 싶어 할 것이다. 그러면 답은 나왔다. '서울'이라는 행정구역의 테두리 안에서도 경기권의 수도권에서 꼬마호텔 또는 에어비앤비 사업을 전개하면 될 일이다. 최근에는 도시 관광도 하나의 트렌드로 자리 잡아가는 추세이다. 그래서 '도심화'의 또 다른 표현으로 '도시 관광' 또는 '도심 관광'이라고 해도 크게 무리는 없을 듯하다.

네 번째는 나노화 트렌드이다. 나노화 트렌드는 아직까지는 널리 확산 되지 않은 개념이다.

이웃나라 일본에서 오타쿠(마니아)라고 불리는 문화처럼, 국민 소득 수 준이 올라갈수록, 또는 알고리즘에 의해서 사람들이 원하는 정보와 그들 이 원하는 행위만을 지속하게 된다. 이는 행동 이론이다. 필자의 경우에 도 텔레비전을 보지 않은 지가 상당히 오래되었다. 어느 순간부터는 유 튜브, 페이스북, 인스타그램 등의 뉴미디어를 통하여 필자가 원하는 여 행과 호텔 영상 또는 쇼츠만을 선별해서 보게 되는데 이 역시도 개인화, 맞춤화, 나노화의 일종인 것이다.

이와 비슷한 현상은 여행에서도 마찬가지로 적용이 된다. 예전에는 패 키지 투어를 통해서 일반적인 루트를 따라서 여행을 하는 트렌드였다면, 지금은 풍경이 많이 달라졌다. 외국인 관광객의 입장에서 서울 여행을 한다고 치자면, 과거에는 경복궁을 관람하고 서울 시티 투어를 하였으 며, 명동이나 강남 등지에서 쇼핑을 하는 일반적인 루트가 대세였다. 그 런데 최근의 트렌드는 확연히 달라졌다. 선택과 집중이라는 키워드로 읽 어낼 수 있는데, 어떠한 특정 엑티비티만 즐기고, 다른 투어는 일절 하지 않는다. 취할 것만 취하고 버릴 건 버리는 것이다.

단적인 예로 자신이 BTS(방탄소년단)에 관심이 커서 대한민국을 방문하였다면, BTS의 공연 콘텐츠와 관련한 일정에만 참가하고, 다른 모든 일정에는 관심을 두지 않는 것이다. 또한 K-푸드 투어가 목적이라면 음식에만 포커스를 두고 서울의 맛집과 전주비빔밥, 속초 아바이 순대, 부산 밀면 등의 미식 기행을 떠날 수도 있는 것이다. 대한민국의 K-패션을 체험해 보는 것이 목적이라면 동대문과 남대문 시장을 방문하고 경복궁 같은 궁궐을 산책할 때도 한복을 대여하여 궁을 거닌다든지 하는 맞춤형 현상을 나노화라고 명명할 수 있겠다. 우리가 경제학에서 거시 경제와 미시 경제로 나누는데, 이 중 미시 경제 부분을 '나노화'라고 볼 수도 있다.

동남권 트렌드가 온다

서울 및 수도권만이 답은 아니다. 서울 및 수도권에 대한민국 인구의 절반이 산다고 치면, 나머지 절반은 비수도권, 즉 지방이라고 불리는 곳에서 거주한다. 대한민국에서는 예로부터 서울과 부산을 대각선으로 가로지르는 경부선 벨트가 경제 발전의 큰 축이라고 볼 수 있다. 서울부터 부산까지 뻗어 나가는 경부선에 걸쳐 있는 도시들이 다 사정권 안에 들어와 있다.

영남권 도시는 과거부터 전략적 지지를 받은 까닭에 양적 질적 팽창을 동시에 가져갈 수 있게 되었고, 이는 부동산에서도 긍정적 시너지로 연결되어 집값을 기준으로 삼더라도 광역시 중 부산과 대구가 다른 광역

메가시티로 새로운 도약을 준비하는 부울경 연합

- 설립예정일: 2023년 1월 1일
- 면적: 1만2374㎢ • 인구: 778만 명 • GRDP: 약 271조원

시보다는 높은 편이다. 부산은 해운대가, 대구는 수성구가 시세를 리딩하고 있다. 영남권 중에서는 부산(특히 해수동과 기장군)과 대구를 중심으로, 울산, 창원특례시, 포항, 경주 등을 살펴볼 필요가 있다. 이들 도시 중 관광으로 유명한 곳은 부산이나 경주 정도뿐이지만, 나머지 도시들도 나름의 특색들을 갖고 있기 때문에 주목할 지역을 찾아볼 필요가 있다.

나홀로 가구의 가파른 증가세

출산율이 급격히 줄어 드는 반면, 나홀로 가구는 가파르게 증가하고 있다. 2020년 서울특별시 복지 실태 조사에 따르면, 1인 가구의 비율은 나날이 늘어나고 있으며, 이중 절반 이상을 차지하는 계층은 바로 청년층과 중장년층이다. 만 19세와 34세 사이의 청년층이 41.2%로 가장 많았으며, 남녀 중에서는 여성 비율이 더 높았다. 청년과 중장년층 1인 가구의 대부분은 고시원 → 원룸/오피스텔 → 셰어하우스를 거쳐 최근의 공유 주거의 형태에 거주하고 있다.

전체 가구 수 중에 1인 가구가 늘어날수록 대체 숙박업 공유 주택. 단

기 숙소. 게스트하우스. 도시 민박업 수요는 증가하기 마련인데, 이는 모두 꼬마호텔의 하위 범주다. 코로나19 이후 공유 숙박과 공유 주거의 경계가 모호해지고 무너지면서 공유 주거 시설로 '호텔'이 새로운 라이프스타일 플랫폼으로 떠오르는 추세이다. 이러한 트렌드를 읽었는지, 해외에서는 익스텐디드 스테이(Exteded stay)라는 글로벌 호텔 브랜드가 런칭하기도 하였다.

이 대목에서 공유 숙박과 공유 주거의 구분이 가능한지 의아해하는 시각도 존재할 수 있겠다. 누군가는 말장난처럼 보이겠지만, 누가 어떤 방법으로 임대하느냐에 따라서 우리가 흔히 이야기하는 다양한 업종으로 불리기도 하고, 때로는 합법, 때로는 불법이 되기도 한다.

대표적으로 네 가지 형태를 들 수 있는데, 우선 단독 주택의 소유자가

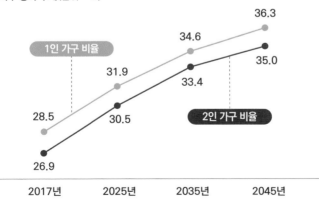

무섭게 늘어나고 있는 나홀로 가구

1·2인 가구 증가 추세(단위 = %)

*전체 가구 수 대비 비중. 자료=통계청

주택의 일부를 거주 목적의 다른 사람에게 임대를 주는 형태이다. 두 번째는 단독 주택의 소유자가 주택의 일부를 플랫폼을 통하여 하루 내지는 한 달 이상 대여해주는 형태이다. 세 번째로 개인이 일정 기간 동안 단독 주택의 소유자에게 사용료를 내고 사용하는 형태이다. 마지막 네 번째로 민박업을 등록한 주택의 소유자가 주택의 일부를 플랫폼을 통하여 하루 내지는 한 달 이상 빌려주는 형태이다.

사람들이 워킹 홀리데이를 가면 장기 숙소를 얻기 전에 일주일 정도 징검다리 숙소를 얻고는 한다. 이것 역시도 꼬마호텔이라 할 수 있다. 내국인도 지방에서 서울로 올라가면 단기로 고시원이나 꼬마호텔에서 숙박을 하게 된다. 고시원은 현재 단기 숙소 상품 공급이 부족한 상황에서의 어쩔 수 없는 대안이 되고 있다.

K-컬처가 불러일으키는 외국인 방한 증가

한국의 K-컬처는 세계만방에 그 위력을 떨치고 있다. 불과 10년 전만 하더라도 해외 여행을 가면 "삼성전자는 일본 브랜드인가"라는 질문들을 부지기수로 들었다. 세계인 입장에서는 대한민국과 일본을 구분하지 못하는 것이다. 그런데 지금은 누구나 삼성전자가 '메이드 인 코리아(Made in korea)'라는 사실을 잘 안다. 그걸 알고 먼저 한국어로 말을 걸고 한국 문화와 제품에 관심을 보이는 외국인이 많아졌다. 대한민국을 일본, 중국과 비교하지 못하고, 나아가 삼성이 일본 것이냐며 비하하던 시선에 비해 대한민국을 바라보는 인식이 몰라보게 좋아진 것이다.

심지어 미국에서는 K-푸드 열풍이 불고 있다. 최근에는 미국에서 한국의 김밥이 '냉동 김밥'이라는 콘셉트로 대박을 치고 있다고 한다. 어디 이뿐이랴. 항아리 수제비 음식점, 호떡 등 K푸드는 연일 대박 행진을 벌이고 있다.

에필로그

하루라도 빨리
꼬마호텔 투자에 들어서라

'실행만이 답이다'라는 이야기를 들어보았는가. 늦었다고 생각할 때가 가장 빠를 때이다. 요즘은 현금 흐름을 빠르게 창출해야 하는 시대다. 전과 달리 아파트나 오피스텔 같은 주거 및 임대 상품만으로는 뚜렷한 한계가 있다.

꼬마호텔은 그러한 한계성에 얽매이지 않는 잠재력 있는 상품이다. 앞서 살펴보았듯 꼬마호텔에 대한 수요는 나날이 늘어날 것이다. 우리나라는 이미 세계적으로도 선진국 반열에 오른 지 오래다. 많은 국가들이 K-팝, K-무비, K-아이돌에 열광한다. 이에 따라 서울 등 대한민국의 관광지들도 인지도가 부쩍 올라갔다. 이 트렌드를 감지하고 선점해야 한다.

이제 우리나라는 다른 나라로부터 문화를 수용하는 위치에서, 문화를 보급하는 위치로 지위가 격상되었다. 더 기대를 가져야 하는 부분은, 아직도 초입 단계라는 점이다.

이웃나라 일본은 만화책부터 재패니메이션 J-POP 등의 연이은 히트로 1970~80년대부터 2010년대 전후까지 3~40년 동안 문화 호황기를 누렸다. 그러나 이후 싸이의 강남스타일과 BTS, 그리고 오징어 게임, K−웹툰 등을 필두로 한 K−컬처에 그 지위를 내주고 말았다. 물론 아직도 문화 강국의 중심에는 영화와 팝 분야에서 엄청난 스케일을 자랑하는 미국이 굳건한 지위를 누리고 있지만, 대한민국 역시 그에 못지않게 상승세가 굉장히 가파르고, 세계적으로도 상품성이 있다는 것을 여러 차례 입증해 냈다.

꼬마호텔로 10억 원을 버는 여정, 빠른 실행만이 답이다

결국 생각에만 그친다면 어떠한 것도 이뤄낼 수 없다. 필자가 가장 중요하게 생각하는 성공의 덕목 중 하나가 바로 실행력이다. 한때 SNS에 유행했던 영상 하나가 있다. 바닷가 바로 옆의 작은 웅덩이에 물고기 한 마리가 갇혀 허우적거리고 있었다. 그런데 그 웅덩이는 날씨가 더워지거나 햇볕이 강하면 언젠가는 웅덩이 속 물이 증발해 그 안에 있던 물고기도 역시 폐사의 운명을 피할 수 없을 터였다. 그런데 물고기는 마치 생명의 위협을 느끼기라도 한 듯, 필사의 몸짓으로 지느러미를 펄떡이고 아가미를 헐떡이며 몇 차례 몸을 뒤집더니 넓은 바다의 초입에 몸을 던져 결국 생명을 건사하고, 더 넓은 곳을 향해 나아갈 수 있게 되었다.

대단히 짧은 길이의 영상이었지만, 우연히 접한 영상을 보고 충격이 이만저만이 아니었다. 필자 역시도 이십 대 후반이라는 비교적 젊은 나이에 숙박업에 뛰어들며 산전수전 공중전까지 다 겪어 왔지만, 인생의 어떤 시점에서는 매너리즘에 빠져 침체와 정체를 겪던 적이 흔치 않게 찾아왔었기 때문이다.

그런데 그 영상을 보고 나서는 물고기도 저런 도전을 하는데, 하물며 인간인 필자는 대체 무엇을 하고 있는지 자기 성찰이 크게 들었다. 요컨대 필자가 하고 싶은 말은 여러분 역시도 저 물고기처럼 미약하게나마 실행을 하고 액션을 가져갔을 때 변화가 시작된다는 것이다.

물론 그렇다고 무턱대고 준비도 없이 실행에 옮기라고는 하고 싶지 않다. 실행에 옮기기 전에 어느 정도의 이론적인 토대와 경험을 쌓고 간다면 분명 도움이 되기 때문이다. 아무것도 모르는 것보다는 조금이라도 아는 것이 더 낫다. 이 대목에서는 관련 서적 10권 정도, 이것이 많다면 5권 정도만이라도 읽고 현장에 가보기를 권한다. 그렇게만 하더라도 조금 더 트인 시야로 이론과 지식들을 현장에 접목할 수 있다.

다만 필자가 경계하는 부분은 책 등 이론적 부분에만 매몰되고 어떠한 움직임도 취하지 않는다면 달라지는 것은 아무것도 없다는 사실이다. 이는 진리에 가깝다. 아무것도 하지 않는다면 아무것도 일어나지 않는다. 뭐라도 했을 때 뭐라도 일어난다.

다시 한 번 강조하건대, 꼬마호텔로 10억 원을 버는 여정이 수월하지만은 않을 것이다. 그렇다고 어렵지도 않다. 필자 같은 사람도 해냈다. 필자가 해냈으면 여러분도 가능하다고 본다. 이십 대 후반부터 부동산 임대 사업에 뛰어든 필자는 숙박 카테고리 하나로만 매출 100억 원을 달성하였다. 필자는 현재 호텔 숙박업을 업으로 삼고 있어서 그런 것 아니냐고 반문할 수 있겠지만, 필자만큼의 수익이 아닌, 10억 원 정도의 수익 창출이라면 여러분도 충분히 해낼 수 있는 금액이라고 본다.

작은 주택의 에어비앤비부터 시작하라

'천릿길도 한 걸음부터'라는 옛말이 있다. 누구나 다 아는 말이지만, 누구나 받아들여 실행하기에는 쉽지 않은 말이기도 하다. 이 말을 숙박업에 적용하자면, 작은 면적의 에어비앤비부터 실행해 보라고 조언하고 싶다.

이유가 있다. 일단 그 정도의 사이즈는 2030 세대들에게도 큰 부담이 되지 않는다. 하다 못해 자취생도 가능하다. 예를 들어 본인의 전세나 월셋집에 방이 두 개가 있는 경우라면, 하나는 고객을 위한 룸을 꾸미며서 에어비앤비에 등록해 보는 것이다. 일례로 에어비앤비를 든 것이지, 사실 장르는 스스로 정하기 나름이다.

물론 처음에는 생소할 것이다. 그런데 이는 당연하다. 해본 적이 없으니 생소한 느낌이 드는 것도 당연하다. 그럼에도 불구하고 해야 한다. 방을 새로 세팅하는 과정에서 배우는 것이 대단히 많을 것이다. 독서를 통해 배울 수 있는 부분과 실행을 통해 배울 수 있는 부분은 다르다. 시행착오는 전자로도 줄일 수는 있겠지만, 애초에 행동이 수반되지 않는다면, 시행착오라는 현상도 생겨날 수 없다. 배움의 속도는? 당연히 후자가 말도 안 되게 빠르다. 방을 꾸미는 방법도 천차만별이고, 거기에서 본인에게 맞는 셀프 인테리어 방법도 배울 수 있게 된다. 거기에 에어비앤비를 할 때 필요한 것까지 배워보면서 현실적으로 할 수 있는 부분과 그렇지 못한 부분을 파악하게 된다. 나아가 현실의 벽도 처음으로 겪어 보게 된다.

사람이 죽으란 법은 없다고 해결할 수 있는 방법은 찾아 보면 다 나오게 되어 있다. 그런 부분에 대한 공부는 직접 실행을 해보았을 때만이 해 나갈 수 있다.

따라서 에어비앤비를 통하여 자가 혹은 전·월세집 임대부터 시작해 보라고 권유하고 싶다. 이러한 시작들에는 여러 가지 장점들이 있는데, 우선 자그마한 시작을 통하여 이 업이 나랑 맞는지 맞지 않는지 테스트 해 볼 수 있다. 에어비앤비로 처음 하게 된 임대업이 본인 적성에 잘 맞을 수도 있고 아닐 수도 있다. 전자의 경우에는 에어비앤비 가동 매물 수를 하나둘씩 늘려 나가 자기만의 작은 사업을 키워나갈 만한 것이다. 후자의 상황이라면 투숙객 응대 등 여러 가지 크고 작은 스트레스들로 인해 적성에 맞지 않는 것이다.

에어비앤비에 방을 올려 한 번 팔아보아라. 아주 단적인 예시로 내 방을 6만 원에 팔 수 있다면, 나는 다른 3만 원짜리 방을 구하여 3만 원이라는 시세 차익을 얻을 수 있는 것이다. 에어비앤비의 핵심은 자기 집을 본인이 쓰지 않을 때 그 공간이 필요한 다른 사람들에게 임대를 해주는 것이다. 에어비앤비를 해보았을 때, 너무나도 적성에 잘 맞고 객실을 판매해서 수익을 얻을 수 있다면 다른 주거 공간을 빌려 쓰는 한이 있더라도 한 번 해볼 만한 가치는 있다고 생각한다.

에어비앤비가 세상에 등장한 지는 제법 오랜 세월이 흘렀지만, 필자는 정착기를 거친 에어비앤비의 시대는 이제 시작된 것이라고 생각한다. 에어비앤비를 통한 자가 임대의 수요는 향후 5년 동안은 꾸준히 늘어날 것이다. 이유는 아주 명료하다. 수요 공급 곡선에서 에어비앤비의 공급이 관광객의 객실 수요를 따라가지 못하기 때문이다.

에어비앤비는 하기만 하면 무조건 돈이 되는 스몰 비즈니스이다. 도시는 70평 미만이면 에어비앤비가 가능하고, 쉐어 하우스는 그러한 조건도 없다. 만약에 자신의 아파트의 월세 시세가 보증금 3,000만 원에 120만 원이라고 치면, 300만 원에 한 달 짜리 상품을 기획하여 내놓아 보자. 그러면 그렇게 생긴 시세 차익 180만 원을 확보하면서 다른 도시에서 여행이 가능할 것이다.

선진국이 되고 국민 소득이 늘어날수록 노동자들의 근로 시간은 필연적으로 줄어든다고 한다. 그런데 대한민국은 아직도 근로 시간에서 세계 최상위권을 다툰다. 이를 보면, 아직도 대한민국이 나아갈 길은 한참이나 먼 것 같다.

어쨌든 그렇다 하더라도 선진국으로 향해 가는 것은 피할 수 없는 숙명이고, 이에 따라 노동자들의 근로 시간 역시도 필연적으로 줄어들 것이며, '5도 2촌'에서 '2도 5촌'으로 바뀌게 될 것이다. 2024년 현재 휴머노이드 로봇의 능력치는 제법 빠른 속도로 걷고, 계란도 손으로 쥘 만큼 발전을 이뤄내었다. 특히나 계란 쥐기는 사람에게는 굉장히 쉬워보여도 로봇에게는 고도로 정밀한 악력 조절이 뒷받침되지 않는다면, 수행하기 힘든 동작이다.

다시 본론으로 돌아오면, 인간은 노동 시간이 줄면 필연적으로 여가 시간이 늘어날 수밖에 없는데, 심화한 양극화 현상 때문에 세상에는 부자와 빈자만 남게 된다. 아주 옛날부터 SF 영화에서나 구현될 법한 풍경이 현실이 되는 셈이다. 더욱 심하게 이야기하자면, 아주 부자와 아주 빈자만 남게 된다. 후자는 잉여 시간이 많이 남게 되는 생활을 하게 될 공산이 대단히 큰데, 설령 그렇다고 한들 의식주의 굴레에서 벗어날 수 없으며, 그렇기 때문에 숙박산업은 망할래야 망할 수가 없다.

자가가 있다면, 자가를 쓰지 않을 때 에어비앤비를 돌려 보자. 아니면 한 달을 통으로 빌려준다는 생각으로 인테리어 소품을 사다 집을 꾸며보고 내놓아 보자. 본격적으로 꼬마호텔의 세계에 발을 들여놓기 전에 테스트 베드 성격으로 사전 수요를 예측해 볼 수 있으며, 자기 적성도 체크해 볼 수 있는 절호의 기회가 될 것이다. 이처럼 에어비앤비는 자기만의 임대 사업을 키우고 확장할 수 있는 최고의 스몰 비즈니스가 될 수 있으며, 이렇게 굴려 만든 최초의 눈덩이가 큰 눈사람이 되지 말란 법도 없다.

다시 강조하건대, 미래의 호텔 산업과 숙박업에 대한 비전은 밝은 편이다. 이에 따른 움직임들이 글로벌 여행 기업들을 중심으로 일어나고 있다. 우리는 이러한 흐름을 선도하지는 못하더라도, 적어도 감지는 하고 이러한 상승 무드에 편승해야 한다. '어른호텔'은 하기 어렵더라도 '꼬마호텔' 투자라면 충분히 가능하다고 필자는 생각한다. 이 책에 나온 사례들과 이론들과 노하우들을 수차례 정독을 통해 머리에 각인하고 실행으로 옮겨 나간다면, 여러분들도 비교적 가까운 시일 내에 꼬마호텔이 맺어내는 달콤한 과실을 맛볼 수 있을 것이다.

단 1채로도 10억 버는 무조건 성공하는 투자법

나는 꼬마빌딩 대신
꼬마호텔에 투자한다

초판 1쇄 2024년 4월 29일

지은이 권진수
펴낸이 허연
편집장 유승현 **편집3팀장** 김민보

책임편집 김민보
마케팅 김성현 한동우 구민지
경영지원 김민화 오나리
디자인 엔드디자인
본문디자인 ㈜명문기획

펴낸곳 매경출판㈜
등록 2003년 4월 24일(No. 2-3759)
주소 (04557) 서울시 중구 충무로 2(필동1가) 매일경제 별관 2층 매경출판㈜
홈페이지 www.mkpublish.com **스마트스토어** smartstore.naver.com/mkpublish
페이스북 @maekyungpublishing **인스타그램** @mkpublishing
전화 02)2000-2632(기획편집) 02)2000-2646(마케팅) 02)2000-2606(구입문의)
팩스 02)2000-2609 **이메일** publish@mkpublish.co.kr
인쇄 · 제본 ㈜M-print 031)8071-0961
ISBN 979-11-6484-655-9(13980)